Clemenz/Strasser •
Trainingsmodul Absatzprozesse steuern und kontrollieren
für Industriekaufleute

Kaufmännische Steuerung und Kontrolle (KSK 4)

Trainingsmodul Absatzprozesse steuern und kontrollieren für Industriekaufleute

Kaufmännische Steuerung und Kontrolle (KSK 4)

Von

Dipl.-Hdl. Gerhard Clemenz und

Dipl.-Hdl. Alexander Strasser

WISSEN / LERNEN / TRAINIEREN

3., aktualisierte Auflage

ISBN 978-3-470-**59683**-9 · 3., aktualisierte Auflage 2020

www.kiehl.de

Satz: Röser Media GmbH & Co. KG, Karlsruhe
Druck: Elanders GmbH, Waiblingen

Vorwort

Die Trainingsmodule ermöglichen angehenden Industriekaufleuten ein individuelles Lernen in unterschiedlichen Fachgebieten. Sie enthalten zu jedem Thema das für die Prüfung notwendige Wissen, zeigen Lösungswege für prüfungstypische Aufgabenstellungen auf und ermöglichen zu jeder Zeit der Ausbildung ein persönliches Wissenstraining mit Aufgaben unterschiedlicher Schwierigkeitsstufen.

- Im **Wissensteil** finden Sie die Inhalte, die für die Prüfung wichtig sind.
- Im **Lernteil** erfahren Sie, wie Sie an Aufgabenstellungen herangehen und
- im **Trainingsteil** können Sie üben und Ihren Wissensstand jederzeit kontrollieren.

Beachten Sie dazu bitte auch den **Benutzerhinweis** auf Seite 6.

Im Rahmen des Prüfungsfaches „Kaufmännische Steuerung und Kontrolle“ beschäftigt sich dieser Band speziell mit dem Lernfeld „Absatzprozesse steuern und kontrollieren“.

Zunächst befassen wir uns mit den Arten von Vertriebskosten sowie mit den verschiedenen Umsatzerlösen im Absatzbereich. Anschließend buchen wir nachträgliche Preisnachlässe und Rücksendungen aufgrund von Mängelrügen der Kunden. Auch die buchhalterische Erfassung von Sofortrabatten und der Rechnungsausgleich unter Abzug von Skonto werden in diesem Band behandelt. Einen weiteren wichtigen prüfungsrelevanten Schwerpunkt stellt die Kalkulation von Verkaufspreisen dar. Neben der Kalkulation von eigenen und fremden Erzeugnissen lernen wir auch die Rückwärts- und Dezimalkalkulation kennen.

Wir wünschen Ihnen eine erfolgreiche Ausbildung und freuen uns auf ein Feedback.

Erlangen, im Frühjahr 2020

Gerhard Clemenz
Alexander Strasser

Benutzerhinweis

Der Aufbau der Trainingsmodule

Die Trainingsmodule für Industriekaufleute folgen einem modernen Lernkonzept. Durch die Zerlegung des gesamten Stoffs der dreijährigen Ausbildung in einzelne Module können sich Auszubildende individuell vorbereiten und ihr eigenes Lernprogramm zusammenstellen. Für jedes Prüfungsfach gibt es mehrere Module zu unterschiedlichen Themen. Die Kapitel eines jeden Moduls sind unterteilt in einen Wissensteil, einen Lernteil und einen Trainingsteil.

WISSEN

Der Wissensteil zeigt, was zum jeweiligen Thema gehört, strukturiert den Stoff und enthält in kompakter und übersichtlicher Form nur die Lerninformationen, die der Leser für die Prüfung braucht.

LERNEN

Im Lernteil erfährt der Leser, wie er aus dem Labyrinth möglicher Aufgabenstellungen herausfindet, worauf er achten muss, wie er beim jeweiligen Thema an Aufgaben und Fälle herangeht und wo mögliche Stolpersteine liegen können.

TRAINIEREN

Der Trainingsteil enthält Fragen, Aufgaben und Fälle auf unterschiedlichen Niveaustufen und in unterschiedlicher Methodik, z. B. offene Wissensfragen, Multiple-Choice-Aufgaben, Zuordnungsaufgaben, Rechenbeispiele, Situationsaufgaben und komplexe Fälle einschließlich deren Lösung.

Die Symbole

Die folgenden Symbole erleichtern Ihnen die Arbeit mit diesem Buch.

LABYRINTH

Dieses Symbol führt Sie zu den Antworten auf die zentralen Fragen eines Themas oder einer Aufgabenstellung.

MERKE

Die Hand macht auf wichtige Merksätze oder Definitionen aufmerksam.

STOLPERSTEIN

Immer wenn das Ausrufezeichen auftaucht, ist Vorsicht geboten. Es zeigt typische Stolpersteine oder Fehler, die in Prüfungen immer wieder vorkommen.

TIPP

Hier finden Sie nützliche Zusatzinformationen und Hinweise.

SEITE

Kaufmännische Steuerung und Kontrolle

Absatzprozesse steuern und kontrollieren (KSK 4)

I. Erfassung der Umsatzerlöse und Vertriebskosten

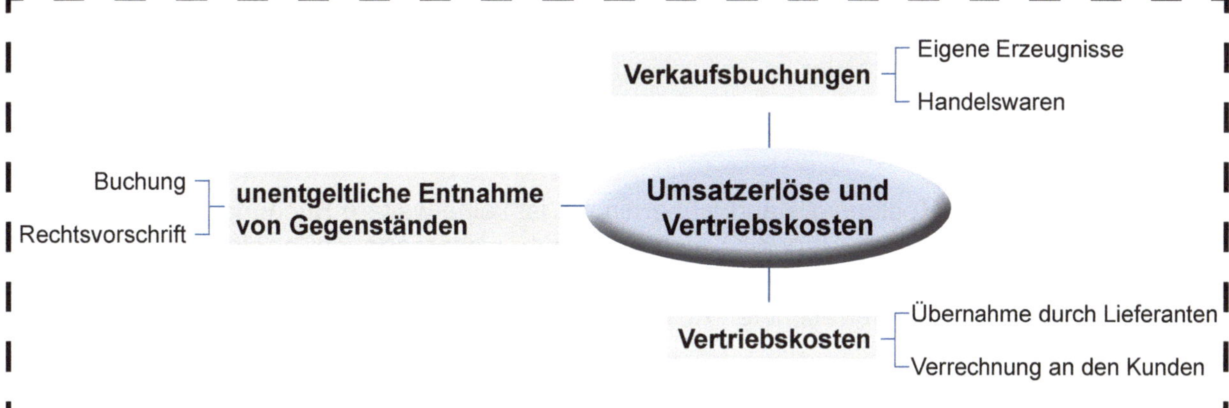

Was muss ich für die Prüfung wissen?

1. Verkauf eigener Erzeugnisse

Wenn es sich um eine Ausgangsrechnung für eigene Erzeugnisse handelt, wird der Umsatzerlös (= Nettoverkaufspreis, d. h. ohne Umsatzsteuer) auf dem Konto 5000 Umsatzerlöse für eigene Erzeugnisse im Haben erfasst. Die Umsatzsteuer wird auf dem Konto 4800 Umsatzsteuer im Haben und der Rechnungsbetrag einschließlich Umsatzsteuer auf dem Konto 2400 Forderungen aus Lieferungen und Leistungen im Soll gebucht.

2. Verkauf von Handelswaren

Handelswaren sind beschaffte Güter, die ohne Be- oder Verarbeitung in unveränderter Form weiterverkauft werden. Sie dienen meist als Ergänzung der eigenen Erzeugnisse für ein komplettes Verkaufsprogramm. Eine Fahrradfabrik könnte z. B. Beleuchtungssets zu ihren Fahrrädern anbieten, ein Musikinstrumentenhersteller die passenden Transporttaschen oder ein Schuhfabrikant die geeignete Lederpflege.

Wenn es sich um eine Ausgangsrechnung für Handelswaren handelt, wird der Umsatzerlös (= Nettoverkaufspreis, d. h. ohne Umsatzsteuer) auf dem Konto 5100 Umsatzerlöse für Waren im Haben erfasst. Die Umsatzsteuer wird auf dem Konto 4800 Umsatzsteuer im Haben und der Rechnungsbetrag einschließlich Umsatzsteuer auf dem Konto 2400 Forderungen aus Lieferungen und Leistungen im Soll gebucht.

3. Vertriebskosten

Vertriebskosten sind Kosten, die beim Verkauf der Produkte entstehen. Die Übernahme dieser Kosten ist im Kaufvertrag geregelt und ergibt sich durch die Lieferungsbedingungen. Die Regelung kann vorsehen, dass der Lieferant die Kosten vollständig übernimmt. Es kann aber auch vereinbart werden, dass der Kunde die Kosten vollständig oder zu einem Teil übernimmt. Vertriebskosten können durch Verpackungsmaterial, Frachtkosten für ein Fremdlager, Versicherungen für ein Fremdlager oder für Provisionen von Absatzhelfern entstehen.

Sie werden mit ihrem Nettobetrag auf spezielle Konten in der Kontenklasse 6 im Soll gebucht. Da diese Kosten durch Dritte in Rechnung gestellt werden, z. B. durch einen Spediteur oder eine Versicherungsgesellschaft, stellen diese Rechnungen Eingangsrechnungen dar und müssen bezahlt werden. Sie enthalten die gültige Umsatzsteuer. Die Umsatzsteuer ist als Vorsteuer abzugsfähig und wird auf dem Konto Vorsteuer im Soll gebucht. Der Rechnungsbetrag wird entweder auf Verbindlichkeiten aus Lieferungen und Leistungen oder im Falle des sofortigen Rechnungsausgleichs auf das Konto Kasse oder Guthaben bei Kreditinstituten (Bank) im Haben gebucht.

Wenn der Lieferant die Kosten vollständig übernimmt, ist keine weitere Buchung notwendig. Werden die Kosten aber ganz oder teilweise an den Kunden weitergegeben, erfolgt das im Rahmen der Rechnungsstellung für die Produkte oder in einer eigenen Ausgangsrechnung an den Kunden. In jedem Fall sind die weiterverrechneten Kosten umsatzsteuerpflichtig, da es sich um eine weiterverrechnete Leistung handelt.

Die Aufrechnung von Aufwendungen und Erträgen ist lt. § 246 Abs. 2 HGB ausdrücklich verboten. Deshalb darf man den Erlös aus der Weiterverrechnung dieser Kosten nicht auf dem Aufwandskonto der jeweiligen Vertriebskosten durch eine Buchung im Haben „korrigieren“. Der Erlös muss daher auf dem entsprechenden Konto Umsatzerlöse für eigene Erzeugnisse oder Handelswaren im Haben gebucht werden. Der endgültige Ausgleich ergibt sich dann erst im Gewinn- und Verlustkonto.

4. Unentgeltliche Entnahme von Gegenständen und sonstigen Leistungen

Entnimmt ein Unternehmer aus seinem eigenen Unternehmen unentgeltlich Produkte für den privaten Ge- und Verbrauch oder beansprucht er Leistungen seines Unternehmens unentgeltlich für private Zwecke, muss er diese Vorgänge als Ertrag verbuchen. Produkte wird er zu Herstellkosten oder im Falle von Handelswaren zu Einstandspreisen entnehmen. Da dieser Vorgang mit einem Kauf bei einem anderen Unternehmen vergleichbar ist, muss er hierfür die gültige Umsatzsteuer entrichten. Gleiches gilt für die private Leistungsbeanspruchung von Geschäftseinrichtungen. Eine solche Leistungsbeanspruchung liegt z. B. vor, wenn der Unternehmer den Geschäfts-Pkw teilweise privat nutzt oder die betriebliche Telefonanlage für Privatgespräche verwendet. Die betrieblichen Aufwendungen müssen um diesen privaten Anteil gekürzt werden, der private Anteil unterliegt ebenfalls der Umsatzsteuer. Auch das ist völlig richtig, da beispielsweise. bei der Inanspruchnahme der privaten Beförderung durch ein anderes Unternehmen ebenfalls Umsatzsteuer anfallen würde.

Da es sich in beiden Fällen um Erträge handelt, bucht man den Nettowert auf das Konto 5420 Entnahme von Gegenständen und sonstigen Leistungen im Haben, die Umsatzsteuer auf das Konto 4800 Umsatzsteuer im Haben und den Bruttobetrag auf das Konto 3001 Privat im Soll. Diese Buchung auf das Konto Privat bewirkt am Ende eine Abnahme des Eigenkapitals.

Diese Vorgänge können jedoch nur bei Einzelunternehmen oder Personengesellschaften (OHG, KG oder GmbH & Co KG) vorkommen, da nur bei ihnen persönliche Eigenkapitalkonten und Privatkonten geführt werden.

Bei Kapitalgesellschaften (AG, GmbH, Limited) gibt es keine Privatkonten, da alle Mitglieder der Unternehmensleitung (Vorstand, Geschäftsführer) Angestellte sind. Wenn diese Personen im eigenen Unternehmen etwas kaufen oder eine Leistung beanspruchen, erhalten sie dafür eine normale Ausgangsrechnung wie jede/r Beschäftigte.

Was erwartet mich in der Prüfung?

In der Prüfung müssen Sie erkennen, ob es sich um eigene Erzeugnisse oder um Handelswaren handelt und diese entsprechend auf den vorgesehenen Konten verbuchen. Bei Vertriebskosten erwartet man von Ihnen, dass Sie eine Weiterverrechnung an den Kunden richtig verbuchen. Die Entnahme von Gegenständen und sonstigen Leistungen ist ein Prüfungsthema, sofern es sich bei dem Modellunternehmen um keine Kapitalgesellschaft handelt. Ist dies der Fall, müssen Sie die Buchungen derartiger Vorgänge richtig darstellen können. Wichtig ist dabei, dass Sie die Umsatzsteuerpflicht und die Zuordnung zum Privatkonto beachten.

1. Das Lernlabyrinth

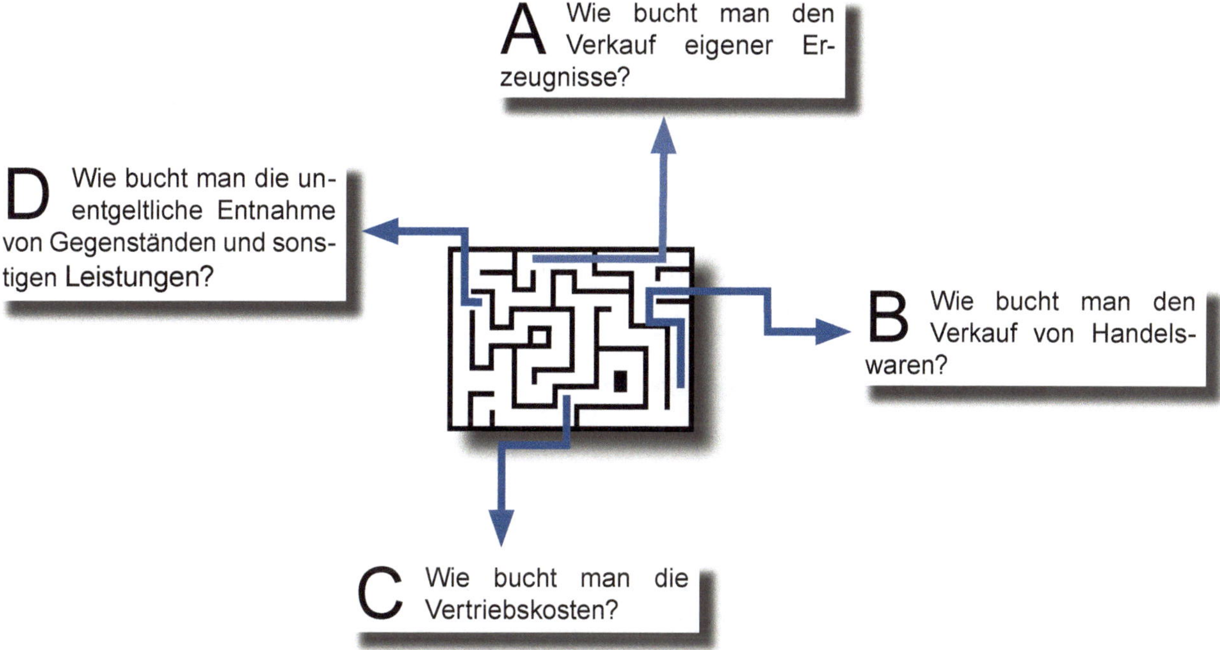

2. Wege aus dem Labyrinth

A Wie bucht man den Verkauf eigener Erzeugnisse?

Die Frankenwald Fenster & Türen GmbH erstellt folgende Ausgangsrechnung:

Artikel-Nr.	Artikel	Menge	Einzelpreis	Gesamtpreis
12778	Fenster	50	85,00 €	4.250,00 €
12998	Türen	10	125,00 €	1.250,00 €
Warenwert netto				5.500,00 €
+ 19 % USt				1.045,00 €
Rechnungsbetrag				**6.545,00 €**

Zahlbar innerhalb von 10 Tagen unter Abzug von 2 % Skonto vom Warenwert, 20 Tage netto.

Buchung des Vorgangs

Buchungssatz:

Kto-Nr.	Kontobezeichnung	SOLL €	HABEN €
2400	Forderungen a. LL.	6.545,00	
5000	Umsatzerlöse für eigene Erzeugnisse		5.500,00
4800	Umsatzsteuer		1.045,00

B Wie bucht man den Verkauf von Handelswaren?

Die Frankenwald Fenster & Türen OHG erstellt folgende Ausgangsrechnung:

Artikel-Nr.	Artikel	Menge	Einzelpreis	Gesamtpreis
10888	Sonnenrollos	200	18,00 €	3.600,00 €
+ 19 % USt				684,00 €
Rechnungsbetrag				**4.284,00 €**

Zahlbar innerhalb von 10 Tagen unter Abzug von 2 % Skonto vom Warenwert, 20 Tage netto.

Buchung des Vorgangs

Buchungssatz:

Kto-Nr.	Kontobezeichnung	SOLL €	HABEN €
2400	Forderungen a. LL.	4.284,00	
5100	Umsatzerlöse für Waren		3.600,00
4800	Umsatzsteuer		684,00

C Wie bucht man die Vertriebskosten?

Die Frankenwald Fenster & Türen OHG liefert an einen Kunden in Kassel. Der Transport erfolgt durch eine Spedition.

Der Frankenwald Fenster & Türen OHG liegt folgende Eingangsrechnung der Spedition für den Transport nach Kassel vor:

Transport lt. Ihrem Auftrag vom	
von Kulmbach nach Kassel am	325,00 €
+ 19 % USt	61,75 €
Rechnungsbetrag	**386,75 €**

Wir bitten um sofortige Zahlung ohne Abzug.

Buchung des Vorgangs

Buchungssatz:

Kto-Nr.	Kontobezeichnung	SOLL €	HABEN €
6140	Frachten	325,00	
2600	Vorsteuer	61,75	
4400	Verbindlichkeiten a. LL.		386,75

Die Frankenwald Fenster & Türen OHG übernimmt laut Vertragsbedingungen einen Teil der Transportkosten und erstellt folgende Ausgangsrechnung:

Artikel-Nr.	Artikel	Menge	Einzelpreis	Gesamtpreis
12779	Fenster	100	110,00 €	11.000,00 €
12998	Türen	30	125,00 €	3.750,00 €
Warenwert netto				14.750,00 €
+ Transport und Verpackung pauschal				150,00 €
Gesamtwert netto				14.900,00 €
+ 19 % USt				2.831,00 €
Rechnungsbetrag				**17.731,00 €**

Zahlbar innerhalb von 10 Tagen unter Abzug von 2 % Skonto vom Warenwert, 20 Tage netto.

Die Weiterverrechnung der Transportkosten und die Berechnung der Verpackung sind umsatzsteuerpflichtig. Dadurch erhöht sich der Rechnungsbetrag.

Die berechneten Transportkosten und die Kosten für die Verpackung könnten auf ein eigenes Ertragskonto gebucht werden, werden aber aus Gründen der Vereinfachung als Umsatzerlöse verbucht.

Buchung des Vorgangs

Buchungssatz:

Kto-Nr.	Kontobezeichnung	SOLL €	HABEN €
2400	Forderungen a. LL.	17.731,00	
5000	Umsatzerlöse für eigene Erzeugnisse		14.900,00
4800	Umsatzsteuer		2.831,00

D Wie bucht man die unentgeltliche Entnahme von Gegenständen und sonstigen Leistungen?

Entnahme eines Gegenstandes

Ein Gesellschafter der Frankenwald Fenster & Türen OHG entnimmt eine Haustür aus dem eigenen Produktionsprogramm für den Einbau in sein privates Wohnhaus. Die Herstellkosten (Material- und Personalaufwand) der Tür betragen 400 €.

! Beachten Sie,

- dass diese Entnahme nicht bezahlt wird und deshalb auf dem Privatkonto (Eigenkapitalminderung) gebucht werden muss
- dass auf dem Privatkonto der Bruttobetrag, d. h. der Warenwert zuzüglich der gültigen Umsatzsteuer gebucht werden muss
- dass für diesen Vorgang ein interner Beleg erstellt werden muss, um diesen „Verkauf" nachzuweisen.

Beleg

Unentgeltliche Entnahme von Gegenständen für private Zwecke

Artikel-Nr.	Artikel	Menge	Einzelpreis	Gesamtpreis
13008	Haus-tür	1	400,00 €	400,00 €
+ 19 % USt				76,00 €
Gesamtwert brutto				**476,00 €**

Buchung des Vorgangs

Buchungssatz:

Kto-Nr.	Kontobezeichnung	SOLL €	HABEN €
3001	Privatkonto	476,00	
5420	Entnahme von Gegenständen und Leistungen		400,00
4800	Umsatzsteuer		76,00

Auf T-Konten sieht dies wie folgt aus:

S	3001 Privat	H
476,00 €		

S	5420 Entnahme von G. u. L.	H
		400,00 €

S	4800 USt	H
		76,00 €

Nach dem Abschluss ergibt sich folgender Stand:

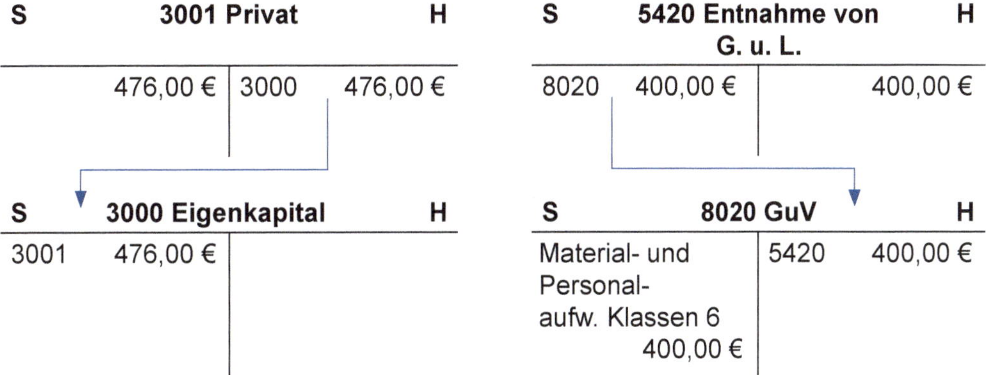

Durch diese Buchung

- wurde das Eigenkapital um den Warenwert + Umsatzsteuer gemindert
- wurde der Ertrag (5420) und der Aufwand für Material und Personal (6....) neutralisiert.

Entnahme einer Leistung

Ein Gesellschafter der Frankenwald Fenster & Türen OHG benutzt den Geschäfts-Pkw in einem Umfang von 10 % pro Jahr für private Fahrten. Den Nachweis erbringt er durch ein Fahrtenbuch. Die Gesamtkosten für Benzin, Wartung, Pflege, Abschreibung und Steuern betragen lt. den Werten in der Buchhaltung 4.000 €.

Unentgeltliche Entnahme von Leistungen für private Zwecke	
Art der Leistung:	Private Nutzung des Geschäfts-Pkw
Privater Nutzungsanteil:	10 %
Wert der Leistung netto:	400,00 €
+ 19 % USt	76,00 €
Gesamtwert brutto	**476,00 €**

Buchung des Vorgangs

Buchungssatz:

Kto-Nr.	Kontobezeichnung	SOLL €	HABEN €
3001	Privatkonto	476,00	
5420	Entnahme von Gegenständen und Leistungen		400,00
4800	Umsatzsteuer		76,00

Auf T-Konten sieht dies wie folgt aus:

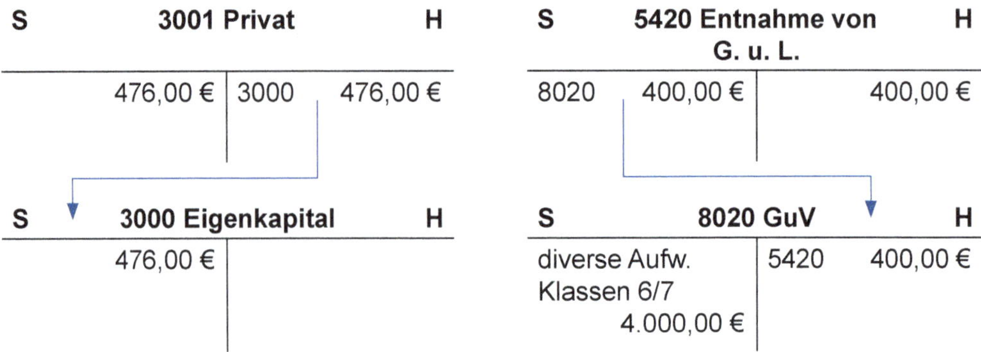

Durch diese Buchung

- wurde das Eigenkapital um den Warenwert + Umsatzsteuer gemindert
- wurde der gesamte Aufwand für den Geschäfts-Pkw um den Wert der beanspruchten privaten Leistung verringert.

So trainiere ich für die Prüfung

Aufgaben

1. Wissensfragen

1.

Sie sind Mitarbeiter der Fahrradwerke Weserbergland AG. Buchen Sie die Rechnung 004050. Der Fahrradhandel Uwe Klein e. K. wird unter der Debitorennummer 24045 geführt.

Fahrradwerke Weserbergland AG

Fahrradwerke Weserbergland AG Ithstraße 12 - 14 31750 Hameln

Fahrradhandel Uwe Klein e. K.
Verwaltung
Am Wasserturm 4
66113 Saarbrücken

Ihr Zeichen, Ihre Nachricht vom	Unser Zeichen	Tel. 05151-885-77	Datum
15.02.20..	St	Frau Strasser	04.03.20..

Rechnung Nr. 004050

Artikelbezeichnung	Art.-Nr.	Menge	Einheit	Einzelpreis in €	Gesamtpreis in €
Trekkingrad „Trekking Free“	202	100	1 Stück	350,00	35.000,00
- 10 % Rabatt					3.500,00
					31.500,00
Transportverpackung				2,50	250,00
Fracht				pauschal	350,00
					32.100,00
19 % Umsatzsteuer					6.099,00
					38.199,00

Vorstand
Anne Strasser
Klaus Strasser

HR Hameln
B 2134

Bankverbindungen

Sparbank Hameln
BIC NOLADE21HMS
IBAN DE29 2545 0110 0001 1223 34

Deutsche Bank AG
BIC DEUTBE2H254
IBAN DE98 2547 0024 0007 7889 90

Fax
05151-885-92 11

E-Mail
mail@fahrradwerke.de

Finanzamt 2364
Hameln
Steuer-Nr. 11 28 870 00 57
USt-ID-Nr. DE 23666769

2.

Ausgleich der Rechnung 004050 durch den Kunden Fahrradhandel Uwe Klein e.K. Der Zahlungseingang erfolgt auf dem Konto der Fahrradwerke Weserbergland AG bei der Sparkasse Hameln (Nr. 28006).

3.

Sie sind Mitarbeiter der Fahrradwerke Weserbergland AG. Buchen Sie die Rechnung 004188. Der Kunde Holger Katschube wird unter der Debitorennummer 24073 geführt.

Fahrradwerke Weserbergland AG

Fahrradwerke Weserbergland AG Ithstraße 12 - 14 31750 Hameln

Das Fahrradlädchen
Inhaber Holger Katschube
Hupenstraße 4
20456 St. Pauli

Ihr Zeichen, Ihre Nachricht vom	Unser Zeichen	Tel. 05151-885-77	Datum
14.04.20..	St	Frau Strasser	16.04.20..

Rechnung Nr. 004188

Artikelbezeichnung	Art.-Nr.	Menge	Einheit	Einzelpreis in €	Gesamtpreis in €
Trinkflaschen	789	100	1 Stück	8,00	800,00
Satteltaschen	820	40	1 Stück	52,00	2.080,00
- 7 % Rabatt					201,60
					2.678,40
Transportkosten				pauschal	150,00
					2.828,40
19 % Umsatzsteuer					537,40
					3.365,80

Vorstand
Anne Strasser
Klaus Strasser
HR Hameln
B 2134

Bankverbindungen
Sparbank Hameln
BIC NOLADE21HMS
IBAN DE29 2545 0110 0001 1223 34

Deutsche Bank AG
BIC DEUTBE2H254
IBAN DE98 2547 0024 0007 7889 90

Fax
05151-885-92 11
E-Mail
mail@fahrradwerke.de

Finanzamt 2364
Hameln
Steuer-Nr. 11 28 870 00 57
USt-ID-Nr. DE 23666769

4.

Beantworten Sie bezogen auf die Grafiken von Seite 19 die folgenden Fragen:

a) Um wie viel Prozent war im Jahr 2014 der Umsatz der Volkswagen AG höher als der Umsatz von Daimler?

b) Um wie viel Prozent war im Jahr 2014 der Umsatz von Apple kleiner als der Umsatz von Samsung Electronics?

c) Wie viel Prozent betrug im Jahr 2014 der Umsatz der Kfz-Industrie am Gesamtumsatz aller in der Statistik dargestellten deutschen Unternehmen?

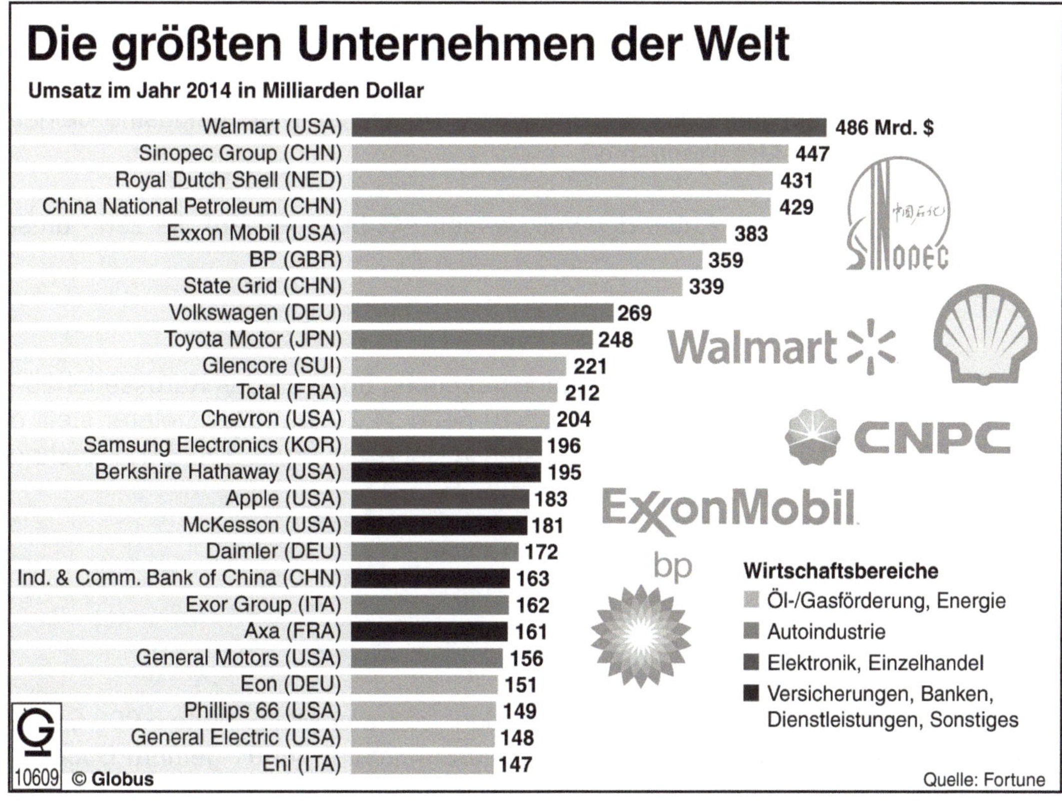
Die größten Unternehmen der Welt
Umsatz im Jahr 2014 in Milliarden Dollar
Walmart (USA) 486 Mrd. $
Sinopec Group (CHN) 447
Royal Dutch Shell (NED) 431
China National Petroleum (CHN) 429
Exxon Mobil (USA) 383
BP (GBR) 359
State Grid (CHN) 339
Volkswagen (DEU) 269
Toyota Motor (JPN) 248
Glencore (SUI) 221
Total (FRA) 212
Chevron (USA) 204
Samsung Electronics (KOR) 196
Berkshire Hathaway (USA) 195
Apple (USA) 183
McKesson (USA) 181
Daimler (DEU) 172
Ind. & Comm. Bank of China (CHN) 163
Exor Group (ITA) 162
Axa (FRA) 161
General Motors (USA) 156
Eon (DEU) 151
Phillips 66 (USA) 149
General Electric (USA) 148
Eni (ITA) 147
SINOPEC
Walmart
CNPC
ExxonMobil
bp
Wirtschaftsbereiche
Öl-/Gasförderung, Energie
Autoindustrie
Elektronik, Einzelhandel
Versicherungen, Banken, Dienstleistungen, Sonstiges
10609 © Globus
Quelle: Fortune

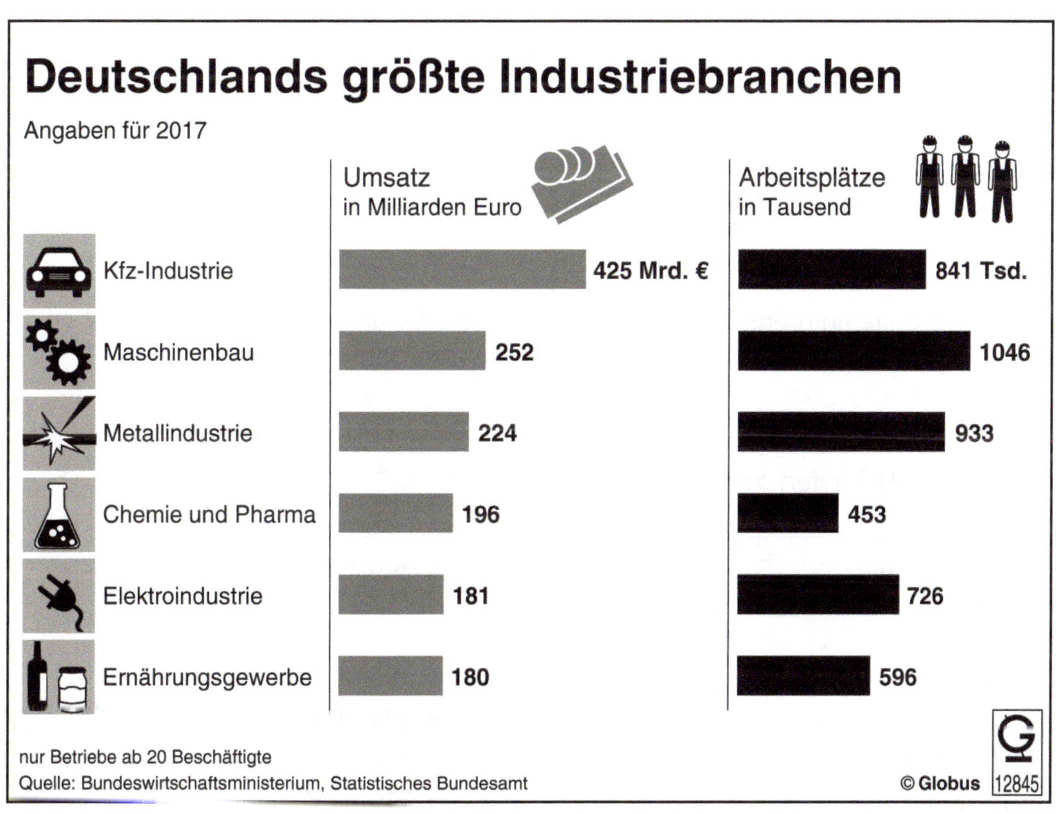
Deutschlands größte Industriebranchen
Angaben für 2017
Umsatz in Milliarden Euro
Arbeitsplätze in Tausend
Kfz-Industrie 425 Mrd. € 841 Tsd.
Maschinenbau 252 1046
Metallindustrie 224 933
Chemie und Pharma 196 453
Elektroindustrie 181 726
Ernährungsgewerbe 180 596
nur Betriebe ab 20 Beschäftigte
Quelle: Bundeswirtschaftsministerium, Statistisches Bundesamt
© Globus 12845

5.
Beantworten Sie bezogen auf die untere Grafik von Seite 19 die folgenden Fragen:

a) Um wie viel Prozent war im Jahr 2017 der Umsatz der deutschen Elektroindustrie kleiner als der Umsatz der deutschen Metallindustrie?

b) Wie hoch war der prozentuale Anteil der Volkswagen AG bezogen auf die zehn umsatzstärksten Unternehmen weltweit?

6.
Die Essener Stahlwerke AG liefert gemäß Ausgangsrechnung 5678 an das Karosseriebau-Unternehmen Simmrad & Wendt 5.000 m Walzblech zu netto 11,20 €/m. Der Lieferer stellt dem Kunden anteilige Transport- und Versicherungskosten in Höhe von brutto 1.428 € in Rechnung.

a) Buchen Sie aus der Sicht des Lieferers.

b) Buchen Sie aus der Sicht des Kunden.

7.
Gemäß Eingangsrechnung 12345 stellt Ihnen Ihr Handelsvertreter Müller netto 5.000 € an Provision in Rechnung. Herr Müller wird unter der Kreditorennummer 44091 geführt. Buchen Sie die Rechnung 12345.

8.
Die Hamburger Schiffsmotorenfabrik AG kauft gemäß Eingangsrechnung 0037362 Verpackungsmaterial für den Versand der eigenen Erzeugnisse für netto 9.200 €. Lieferant ist die Samos OHG (Kreditorennummer 44044).

Buchen Sie die Eingangsrechnung 0037362.

9.
Die Hamburger Schiffsmotorenfabrik AG begleicht die Eingangsrechnung 0037362 über ihr Konto bei der Elbebank (Nr. 28016). Buchen Sie diesen Vorgang.

10.
Die Krupp & Sohn OHG liefert gemäß Ausgangsrechnung 1221:

17 t Stahl XYZ, netto		25.299,40 €
+ Verpackungskosten	500,00 €	
+ Verladekosten	180,00 €	
+ Frachtkosten	900,00 €	1.580,00 €
		26.879,40 €
+ 19 % Umsatzsteuer		5.107,09 €
= **Rechnungsbetrag**		**31.986,49 €**

a) Buchen Sie aus der Sicht der Krupp & Sohn OHG.

b) Buchen Sie aus der Sicht des Kunden (bestandsorientiert).

11.

Sie sind kaufmännischer Mitarbeiter der Möbelwerke Heinz Schröder e. K. in Weimar. Ihnen liegt folgender Eigenbeleg vor. Welche Buchungen sind zum 31.12.20.. (Bilanzstichtag) notwendig?

Möbelwerke Heinz Schröder e. K.

Entnahme für Privatzwecke

Schreibtisch Eiche rustikal

Herstellwert	2.800,00 €
+ 19 % Umsatzsteuer	532,00 €
	3.332,00 €

Weimar, 31.12.20.. *Heinz Schröder*

2. Fallsituationen

2.1 Fall 1

Die Nürnberger Maschinenwerke AG liefert am 20.06. gemäß Ausgangsrechnung 1007 an die Walzwerke GmbH (Debitorennummer 24022) in Ludwigshafen eine Produktionsmaschine im Wert von 1.032.400 € brutto.

Die Lieferung erfolgt vereinbarungsgemäß „ab Werk".

Im Zusammenhang mit diesem Auftrag fallen folgende Vertriebskosten an:

- 16.06.20.. Interne Verladekosten über 150 €. Die Verrechnung an den Kunden erfolgt netto.
- 16.06.20.. Speditionsrechnung der Schnell & Sicher KG über 1.740 € brutto Frachtkosten sowie 200 € netto Verpackungskosten. Die Nürnberger Maschinenwerke AG begleicht die Rechnung in bar.
- 18.06.20.. Erteilter Abbuchungsauftrag für die Transportversicherung einschließlich Versicherungssteuer in Höhe von 290 €. Einzug des Rechnungsbetrags vom Konto der AG bei der Frankenbank (Nr. 28070).
- 19.06.20.. Der Handelsvertreter der AG stellt seine Vermittlungsprovision in Höhe von 2.200 € netto in Rechnung. Kreditorennummer 44007.

Die Walzwerke GmbH begleicht die Rechnung 1007 am 01.07.20.. ohne Abzug von Skonto. Zahlungseingang auf dem Konto der AG bei der Bayernbank (Nr. 28080).

Nehmen Sie alle Buchungen unter Angabe des Datums vor.

2.2 Fall 2

Sie sind Mitarbeiter der Fahrradwerke Weserbergland AG. Ihnen liegt die Ausgangsrechnung 12345 vor:

Fahrradwerke Weserbergland AG

Fahrradwerke Weserbergland AG, Ithstraße 12 - 14, 31750 Hameln

Fahrradgroßhandel
Schmidt GmbH
Säbener Straße 12 - 13
80456 München

Ihr Zeichen, Ihre Nachricht vom	Unser Zeichen	Tel. 05151-885-77	Datum
01.08.20..	St	Frau Strasser	28.08.20..

Rechnung Nr. 12345

Artikelbezeichnung	Art.-Nr.	Menge	Einheit	Einzelpreis in €	Gesamtpreis in €
Rennrad „Super Star 2000"	202	20	1 Stück	1.230,00	24.600,00
- 12 % Rabatt					2.952,00
					21.648,00
Fahrradhelm „Benny Super"	561	40	1 Stück	105,00	4.200,00
Fahrradhose „Super Nova"	745	40	1 Stück	57,80	2.312,00
Fahrradtrikot „Super Nova"	746	40	1 Stück	48,00	1.920,00
Frachtkosten				pauschal	600,00
					30.680,00
19 % Umsatzsteuer					5.829,20
					36.509,20

Vorstand
Anne Strasser
Klaus Strasser

HR Hameln
B 2134

Bankverbindungen

Sparbank Hameln
BIC NOLADE21HMS
IBAN DE29 2545 0110 0001 1223 34

Deutsche Bank AG
BIC DEUTBE2H254
IBAN DE98 2547 0024 0007 7889 90

Fax
05151-885-92 11

E-Mail
mail@fahrradwerke.de

Finanzamt 2364
Hameln
Steuer-Nr. 11 28 870 00 57
USt-ID-Nr. DE 23666769

a) Die in Rechnung gestellten Frachtkosten in Höhe von 600 € netto hat die Fahrradwerke Weserbergland AG am 27.08.20.. mit dem Spediteur gegen Quittung verrechnet. Buchen Sie den Vorgang.

b) Buchen Sie die Ausgangsrechnung 12345. Die Schmidt GmbH wird unter der Debitorennummer 24072 geführt.

   Hinweis: Artikel-Nr. 202 wird als eigenes Erzeugnis und die Artikel-Nrn. 561, 745, 746 werden als Handelsware erfasst.

c) Erfassen Sie die Rechnung aus der Sichtweise des Fahrradgroßhandels Schmidt GmbH.

d) Am 06.09.20.. erfolgt der Zahlungseingang auf dem Konto der AG bei der Rattenfängerbank Hameln (Nr. 28055). Buchen Sie den Vorgang.

e) Unterstellen Sie, dass die Schmidt GmbH bereit ist, maximal 36.000 € brutto für die bestellten Artikel zu zahlen. Wie viel Prozent Rabatt auf die Rennräder müsste die Fahrradwerke Weserbergland AG gewähren, wenn sie auf die Kundenforderung eingeht?

f) Erstellen Sie anschließend die veränderte Ausgangsrechnung 12345.

Lösungen

1. Wissensfragen

1.

A

Kto-Nr.	Kontobezeichnung	SOLL €	HABEN €
24045	Forderungen a. LL.	38.199,00	
5000	Umsatzerlöse für eigene Erzeugnisse		32.100,00
4800	Umsatzsteuer		6.099,00

2.

A

Kto-Nr.	Kontobezeichnung	SOLL €	HABEN €
28006	Sparkasse Hameln	38.199,00	
24045	Forderungen a. LL.		38.199,00

3.

A

Kto-Nr.	Kontobezeichnung	SOLL €	HABEN €
24073	Forderungen a. LL.	3.365,80	
5100	Umsatzerlöse für Handelswaren		2.828,40
4800	Umsatzsteuer		537,40

4.

A

a)

172 Mrd. US-$ = 100 %
269 Mrd. US-$ = X   X = **156,40 %**

Der Umsatz der Volkswagen AG war um 56,40 % höher.

b)

196 Mrd. US-$ = 100 %
183 Mrd. US-$ = X   X = **93,37 %**

Der Umsatz von Apple war um 6,63 % kleiner.

c)

1.458 Mrd. € = 100 %
425 Mrd. € = X   X = **29,15 %**

Der anteilige Umsatz der Kfz-Industrie betrug 27,12 %.

A

5.

a)

185 Mrd. € = 100 %
150 Mrd. € = X X = **81,08 %**

Der Umsatz der Siemens AG ist um 18,91 % kleiner.

b)

3.672 Mrd. US-$ = 100 %
248 Mrd. US-$ = X X = **6,75 %**

Der anteilige Umsatz der Volkswagen AG beträgt 6,75 %.

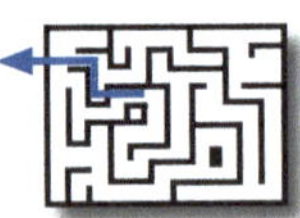

A, C

6.

a)

Kto-Nr.	Kontobezeichnung	SOLL €	HABEN €
2400	Forderungen a. LL.	68.068,00	
5000	Umsatzerlöse für eigene Erzeugnisse		57.200,00
4800	Umsatzsteuer		10.868,00

b)

Kto-Nr.	Kontobezeichnung	SOLL €	HABEN €
2000/ 6000	Rohstoffe/ Aufwendungen für Rohstoffe	56.000,00	
2001/ 6001	Bezugskosten Rohstoffe Bezugskosten Aufwendungen für Rohstoffe	1.200,00	
2600	Vorsteuer	10.868,00	
4400	Verbindlichkeiten a. LL.		68.068,00

C

7.

Kto-Nr.	Kontobezeichnung	SOLL €	HABEN €
6150	Vertreterprovision	5.000,00	
2600	Vorsteuer	950,00	
44091	Verbindlichkeiten a. LL.		5.950,00

C

8.

Kto-Nr.	Kontobezeichnung	SOLL €	HABEN €
6040	Aufwendungen für Verpackungen	9.200,00	
2600	Vorsteuer	1.748,00	
44044	Verbindlichkeiten a. LL.		10.948,00

C

9.

Kto-Nr.	Kontobezeichnung	SOLL €	HABEN €
44044	Verbindlichkeiten a. LL.	10.948,00	
28016	Elbebank		10.948,00

10.

A

a)

Kto-Nr.	Kontobezeichnung	SOLL €	HABEN €
2400	Forderungen a. LL.	31.986,49	
5000	Umsatzerlöse für eigene Erzeugnisse		26.879,40
4800	Umsatzsteuer		5.107,09

b)

Kto-Nr.	Kontobezeichnung	SOLL €	HABEN €
2000	Rohstoffe	25.299,40	
2001	Bezugskosten Rohstoffe	1.580,00	
2600	Vorsteuer	5.107,09	
4400	Verbindlichkeiten a. LL.		31.986,49

11.

D

Kto-Nr.	Kontobezeichnung	SOLL €	HABEN €
3001	Privatkonto	3.332,00	
5420	Entnahme von Gegenständen und sonstigen Leistungen		2.800,00
4800	Umsatzsteuer		532,00

Kto-Nr.	Kontobezeichnung	SOLL €	HABEN €
3000	Eigenkapital	3.332,00	
3001	Privatkonto		3.332,00

Kto-Nr.	Kontobezeichnung	SOLL €	HABEN €
5420	Entnahme von Gegenständen und sonstigen Leistungen	2.800,00	
8020	Gewinn- und Verlustkonto		2.800,00

2. Fallsituationen

2.1 Fall 1

16.06.20..

C

Kto-Nr.	Kontobezeichnung	SOLL €	HABEN €
6140	Frachten und Fremdlager	1.462,18	
2600	Vorsteuer	277,82	
2880	Kasse		1.740,00

Kto-Nr.	Kontobezeichnung	Soll €	Haben €
6040	Aufwendungen für Verpackungen	200,00	
2600	Vorsteuer	38,00	
2880	Kasse		238,00

C

18.06.20..

Kto-Nr.	Kontobezeichnung	Soll €	Haben €
6900	Versicherungsaufwendungen	290,00	
28070	Frankenbank		290,00

C

19.06.200..

Kto-Nr.	Kontobezeichnung	Soll €	Haben €
6150	Vertreterprovision	2.200,00	
2600	Vorsteuer	418,00	
44007	Verbindlichkeiten a. LL.		2.618,00

Berechnung des Rechnungsbetrages:

	Herstellungskosten der Maschine, brutto	1.032.400,00 €
+	interne Verladekosten	150,00 €
+	Frachten/Fremdlager	1.740,00 €
+	Verpackung:	238,00 €
+	Transportversicherung	290,00 €
+	Vertreterprovision	2.618,00 €
=	**Forderung, brutto**	**1.037.436,00 €**

A

20.06.20..

Kto-Nr.	Kontobezeichnung	Soll €	Haben €
24022	Forderungen a. LL.	1.037.436,00	
5000	Umsatzerlöse für eigene Erzeugnisse		871.794,96
4800	Umsatzsteuer		165.641,04

A

01.07.20..

Kto-Nr.	Kontobezeichnung	Soll €	Haben €
28080	Bayernbank	1.037.436,00	
24022	Forderungen a. LL.		1.037.436,00

2.2 Fall 2

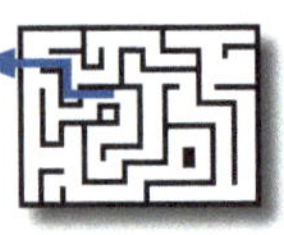

C

a)

Kto-Nr.	Kontobezeichnung	Soll €	Haben €
6140	Frachten und Fremdlager	600,00	
2600	Vorsteuer	114,00	
2880	Kasse		714,00

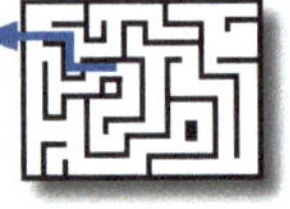

A, B

b)

Verteilung der Frachtkosten auf die Umsatzerlöse für eigene Erzeugnisse bzw. Handelswaren:

	Umsatzerlöse für eigene Erzeugnisse	21.648,00 €
+	Umsatzerlöse für Handelswaren	8.432,00 €
=	**gesamte Umsatzerlöse**	**30.080,00 €**

30.080,00 € Umsatzerlöse ≙ 600,00 € Frachtkosten
21.648,00 € ≙ X X = **431,81 €**

30.080,00 € Umsatzerlöse ≙ 600,00 € Frachtkosten
8.432,00 € ≙ X X = **168,19 €**

Umsatzerlöse für eigene Erzeugnisse: 21.648,00 € + 431,81 € = **22.079,81 €**

Umsatzerlöse für Handelswaren: 8.432,00 € + 168,19 € = **8.600,19 €**

Kto-Nr.	Kontobezeichnung	Soll €	Haben €
24072	Forderungen a. LL.	36.509,20	
5000	Umsatzerlöse für eigene Erzeugnisse		22.079,81
5100	Umsatzerlöse für Handelswaren		8.600,19
4800	Umsatzsteuer		5.829,20

c)

C

Kto-Nr.	Kontobezeichnung	Soll €	Haben €
2280/ 6280	Handelswaren/ Aufwendungen für Handelswaren	30.080,00	
2281/ 6281	Bezugskosten Handelswaren Bezugskosten Aufwendungen für Handelswaren	600,00	
2600	Vorsteuer	5.829,20	
4400	Verbindlichkeiten a. LL.		36.509,20

d)

C

Kto-Nr.	Kontobezeichnung	Soll €	Haben €
28055	Rattenfängerbank Hameln	36.509,20	
24072	Forderungen a. LL.		36.509,20

e)

Berechnung des neuen Rabatt-Prozentsatzes:

24.600,00 € = 100 %
3.379,90 € = X X = **13,73943 %**

Nebenrechnung:

36.000,00 119 %
30.252,10 100 %
\- 600,00
\- 1.920,00
\- 2.312,00
\- 4.200,00
= 21.220,10

24.600,00 - 21.220,10 = 3.379,90 €

f)

Fahrradwerke Weserbergland AG

Fahrradwerke Weserbergland AG, Ithstraße 12 - 14, 31750 Hameln

Fahrradgroßhandel
Schmidt GmbH
Säbener Straße 12 - 13
80456 München

Ihr Zeichen, Ihre Nachricht vom	Unser Zeichen	Tel. 05151-885-77	Datum
01.08.20..	St	Frau Strasser	28.08.20..

Rechnung Nr. 12345

Artikelbezeichnung	Art.-Nr.	Menge	Einheit	Einzelpreis in €	Gesamtpreis in €
Rennrad „Super Star 2000"	202	20	1 Stück	1.230,00	24.600,00
- 13,73943 % Rabatt					3.379,90
					21.220,10
Fahrradhelm „Benny Super"	561	40	1 Stück	105,00	4.200,00
Fahrradhose „Super Nova"	745	40	1 Stück	57,80	2.312,00
Fahrradtrikot „Super Nova"	746	40	1 Stück	48,00	1.920,00
Frachtkosten				pauschal	600,00
					30.252,10
19 % Umsatzsteuer					5.747,90
					36.000,00

Vorstand
Anne Strasser
Klaus Strasser

HR Hameln
B 2134

Bankverbindungen

Sparbank Hameln
BIC NOLADE21HMS
IBAN DE29 2545 0110 0001 1223 34

Deutsche Bank AG
BIC DEUTBE2H254
IBAN DE98 2547 0024 0007 7889 90

Fax
05151-885-92 11

E-Mail
mail@fahrradwerke.de

Finanzamt 2364
Hameln
Steuer-Nr. 11 28 870 00 57
USt-ID-Nr. DE 23666769

II. Preisnachlässe und Rücksendungen wegen einer Mängelrüge

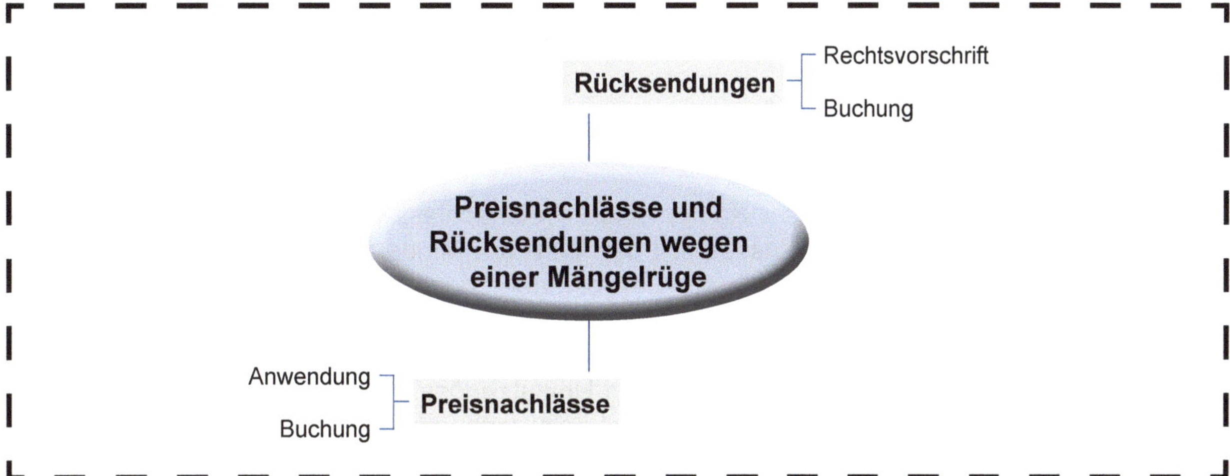

Was muss ich für die Prüfung wissen?

1. Rechtliche Grundlagen

Lt. § 433 BGB ist der Verkäufer verpflichtet, die bestellten Produkte oder Handelswaren frei von Sach- und Rechtsmängeln an den Kunden zu liefern. Ein Rechtsmangel liegt vor, wenn ein Lieferant nicht Eigentümer der gelieferten Gegenstände ist. Ein Sachmangel liegt vor, wenn der gelieferte Gegenstand nicht für die vertraglich vereinbarte Verwendung geeignet ist bzw. keine Beschaffenheit aufweist, die vom Käufer erwartet werden kann. Ist dies der Fall, kann der Käufer eine Ersatzlieferung oder Minderung des Kaufpreises (Preisnachlass) verlangen, Schadenersatz und Ersatz vergeblicher Aufwendungen fordern. Er kann sogar unter bestimmten Bedingungen vom Vertrag zurücktreten. In allen Fällen muss der Kunde jedoch die Fristsetzung beachten. Erst wenn die Frist erfolglos verstrichen und der gewünschte Erfolg nicht eingetreten ist, kann er von seinen Rechten Gebrauch machen.

2. Rücksendungen

Wenn die gelieferten Gegenstände erhebliche Mängel oder Beschädigungen aufweisen, wird der Kunde eine Ersatzlieferung verlangen. In diesem Fall schickt er die komplette Lieferung oder die unbrauchbaren Gegenstände an den Lieferer zurück.

Da es sich beim Lieferer um einen mengenmäßigen Zugang handelt, bucht man den Wert der Rücksendung direkt auf das entsprechende Erlöskonto, z. B. 5000 Umsatzerlöse für eigene Erzeugnisse, im Soll. Da die Umsatzerlöse dadurch gesamt storniert oder teilweise verringert wurden, muss auch die Umsatzsteuer mit dem entsprechenden Wert auf dem Konto 4800 im Soll korrigiert werden.

Wenn der Kunde die Rechnung noch nicht ausgeglichen hat, nehmen die Forderungen um den Wert der Rücksendung (einschließlich der Umsatzsteuer) ab. Hat der Kunde die Rechnung bereits beglichen, überweisen wir den Betrag an den Kunden zurück oder senden dem Kunden einen Verrechnungsscheck. In beiden Fällen wird der Betrag vom Konto 2800 Guthaben bei Kreditinstituten (Bank) auf der Habenseite abgebucht.

3. Preisnachlässe

Bei unerheblichen Mängeln kann der Käufer einen Preisnachlass fordern. Man bezeichnet dies als Minderung. Die Höhe des Nachlasses soll den Wert der Minderung der Sache wiedergeben. Die Berechnungsgrundlage ist der Kaufpreis. Es gibt dafür jedoch keine gesetzlichen Vorschriften. Die Minderung ist im Wesentlichen Verhandlungssache zwischen Lieferant und Kunde. Wenn der Lieferant einen Preisnachlass gewährt, erhält der Kunde eine Gutschrift. Durch diese Gutschrift nimmt der Wert der aus der Lieferung verbuchten Umsatzerlöse ab, weshalb wir auch in diesem Fall die Umsatzsteuer auf dem Konto 4800 im Soll entsprechend korrigieren müssen. Die Korrekturbuchung der Umsatzerlöse erfolgt auf speziellen Unterkonten, z. B. 5001 Erlösberichtigungen für eigene Erzeugnisse. Die verkaufte Stückzahl ändert sich durch diesen Vorgang aber nicht.

Wenn der Kunde die Rechnung noch nicht ausgeglichen hat, nehmen die Forderungen um den Betrag der Gutschrift (einschließlich der Umsatzsteuer) ab. Hat der Kunde die Rechnung bereits beglichen, wird der Betrag zurücküberwiesen oder der Kunde erhält einen Verrechnungsscheck. In beiden Fällen wird der Betrag vom Konto 2800 Guthaben bei Kreditinstituten (Bank) auf der Habenseite abgebucht. Die Korrekturbuchung der Umsatzerlöse erfolgt auf speziellen Unterkonten, z. B. 5001 Erlösberichtigungen für eigene Erzeugnisse.

Was erwartet mich in der Prüfung?

Man erwartet von Ihnen, dass Sie die rechtlichen Vorschriften kennen, die zu einer Rücksendung oder einem Preisnachlass berechtigen. Wichtig ist, dass Sie diese beiden Vorgänge bei der Buchung exakt unterscheiden und die dafür vorgesehenen Konten verwenden.

1. Das Lernlabyrinth

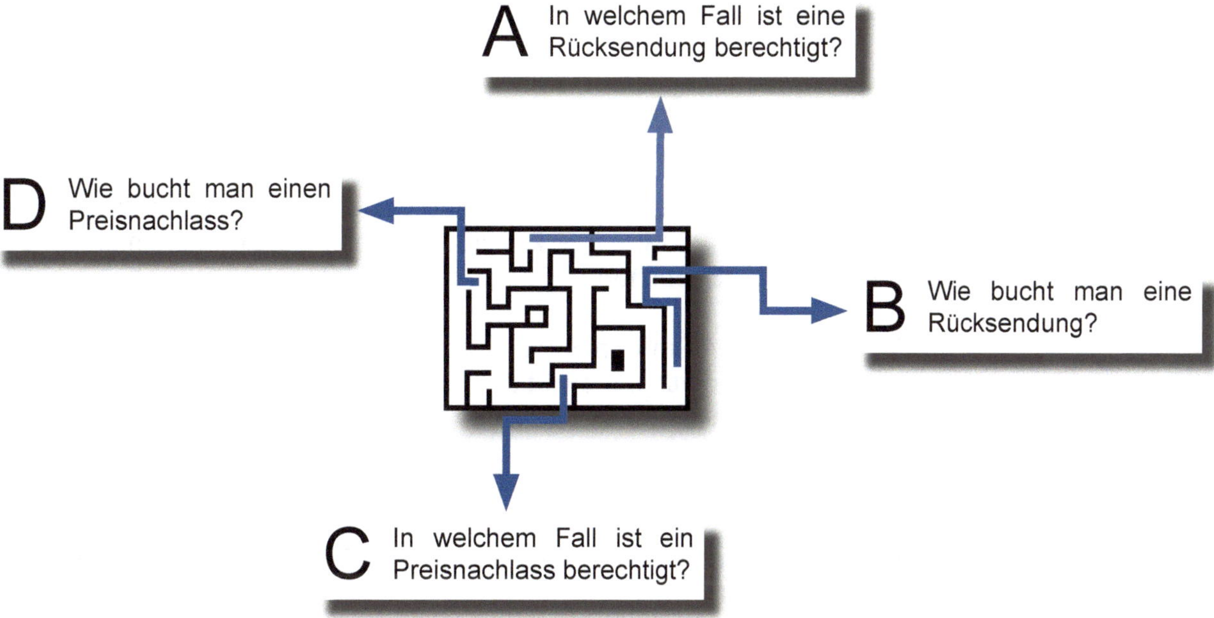

2. Wege aus dem Labyrinth

A **In welchem Fall ist eine Rücksendung berechtigt?**

Die Bauunion Süd GmbH erhält von der Frankenwald Fenster & Türen OHG 10 Türen.

Artikel-Nr.	Artikel	Menge	Einzelpreis	Gesamtpreis
12998	Türen	10	125,00 €	1.250,00 €
Warenwert netto				1.250,00 €
+ 19 % USt				237,50 €
Rechnungsbetrag				**1.487,50 €**
Zahlbar innerhalb von 10 Tagen unter Abzug von 2 % Skonto vom Warenwert, 20 Tage netto.				

Bei der Eingangskontrolle stellt man fest, dass bei allen Türen auffällige Risse in der Oberfläche vorhanden sind. Eine Beseitigung ist nur durch eine spezielle Behandlung möglich. Der Kunde hat aufgrund der Vorschrift in § 439 BGB ein Recht auf Nacherfüllung, d. h. auf Ersatzlieferung.

Der Käufer hat die Wahl zwischen einer kostenlosen Reparatur (Nachbesserung) und der Ersatzlieferung einer einwandfreien Ware.

B Wie bucht man eine Rücksendung?

Die Frankenwald Fenster & Türen OHG erhält die fehlerhaften 10 Türen im Gesamtwert von 1.250 € zurück. Diese Rücksendung bedeutet einen mengenmäßigen Zugang. Da es sich aber um keinen Einkauf handelt, sondern um eine Korrektur des Verkaufs, bucht man diesen Zugang auf die Sollseite des Kontos, auf dem der Umsatzerlös gebucht wurde.

Rücksendungen für

- Umsatzerlöse für eigene Erzeugnisse bucht man im Soll des Kontos 5000
- Umsatzerlöse für Waren bucht man im Soll des Kontos 5100.

! Buchen Sie eine Rücksendung nie auf die Konten 5001 bzw. 5101. Diese Konten verwendet man nur für Erlösberichtigungen bei einem Preisnachlass oder Skonto.

Die Buchung der Rücksendung macht eine Korrektur der Umsatzsteuer erforderlich. 19 % von 1.250 € ergibt 237,50 €. Diesen Betrag muss man im Soll des Kontos 4800 USt buchen.

Um die Forderungen um den Bruttobetrag von 1.487,50 € zu verringern, erstellt man eine Gutschrift und bucht den Betrag auf dem Konto 2400 Forderungen a. LL. im Haben.

Über die Ersatzlieferung wird eine neue Rechnung erstellt, wenn diese erfolgt.

So hat man bei der Frankenwald Fenster & Türen OHG die Ausgangsrechnung gebucht:

Buchungssatz:

Kto-Nr.	Kontobezeichnung	SOLL €	HABEN €
2400	Forderungen a. LL.	1.487,50	
4800	Umsatzsteuer		237,50
5000	Umsatzerlöse für eigene Erzeugnisse		1.250,00

Buchung der Rücksendung

Buchungssatz:

Kto-Nr.	Kontobezeichnung	SOLL €	HABEN €
5000	Umsatzerlöse für eigene Erzeugnisse	1.250,00	
4800	Umsatzsteuer	237,50	
2400	Forderungen a. LL.		1.487,50

C In welchem Fall ist ein Preisnachlass berechtigt?

Die Alexa Fellhoff, Raumausstattungen KG erhielt von der Frankenwald Fenster & Türen OHG 200 Sonnenrollos. Dieser Artikel ist als Handelsware im Verkaufsprogramm.

Artikel-Nr.	**Artikel**	**Menge**	**Einzelpreis**	**Gesamtpreis**
14999	Rollo	200	15,00 €	3.000,00 €
+ 19 % USt				570,00 €
Rechnungsbetrag				**3.570,00 €**

Zahlbar innerhalb von 10 Tagen unter Abzug von 2 % Skonto vom Warenwert, 20 Tage netto.

Frau Fellhoff ist eine langjährige Kundin der Frankenwald Fenster & Türen OHG. Bei der Wareneingangskontrolle stellt man bei 10 Rollos Mängel bei der Zugvorrichtung fest. Man ist bereit, diesen Mangel selbst zu beheben, und Frau Fellhoff schlägt dem Lieferanten einen Preisnachlass von 20 % des anteiligen Warenwertes vor. Die Frankenwald GmbH akzeptiert diesen Vorschlag, da er geringere Kosten verursacht als eine Rücksendung.

Die Minderung des Kaufpreises ist in § 441 BGB geregelt. Wenn der Lieferant nicht damit einverstanden wäre, müsste ihm der Kunde zunächst eine Frist zur Nacherfüllung setzen. Erst nach dieser Frist könnte er den Kaufpreis entsprechend reduzieren.

In einer partnerschaftlichen Beziehung zwischen Lieferant und Kunde werden solche Vorgänge jedoch nie zu einem rechtlichen Problem führen. Eine schnelle Einigung ist für beide Seiten immer kostengünstiger als eine Maßnahme aufgrund gesetzlicher Vorschriften.

Die Frankenwald Fenster & Türen GmbH erstellt eine Gutschrift:

Gutschrift zur Rechnung Nr. ....

Wir erteilen Ihnen lt. Vereinbarung wegen geringfügiger Mängel an 10 Stück des Artikels Nr. 14999 einen Preisnachlass von 20 %. Verrechnen Sie bitte bei der Überweisung den Gutschriftsbetrag mit dem Rechnungsbetrag.

Warenwert	150,00 €
Nachlass 20 %	30,00 €
+ 19 % USt	5,70 €
Gutschrift	**35,70 €**

Zahlbar innerhalb von 10 Tagen unter Abzug von 2 % Skonto vom Warenwert, 20 Tage netto.

D Wie bucht man einen Preisnachlass?

So hat man bei der Frankenwald Fenster & Türen OHG die Ausgangsrechnung gebucht:

Buchungssatz:

Kto-Nr.	Kontobezeichnung	SOLL €	HABEN €
2400	Forderungen a. LL.	3.570,00	
4800	Umsatzsteuer		570,00
5100	Umsatzerlöse für Handelswaren		3.000,00

Da es sich hier um einen Nachlass handelt, müssen Sie das entsprechende Unterkonto verwenden. Bei eigenen Erzeugnissen verwenden Sie das Konto 5001 Erlösberichtigungen (für eigene Erzeugnisse), bei Handelswaren das Konto 5101 Erlösberichtigungen (für Handelswaren).

Buchung des Vorgangs

Buchungssatz:

Kto-Nr.	Kontobezeichnung	SOLL €	HABEN €
5101	Erlösberichtigungen	30,00	
4800	Umsatzsteuer	5,70	
2400	Forderungen a. LL.		35,70

Vor dem Abschluss der Konten, z. B. am Ende des laufenden Monats, Quartals oder am Ende des Geschäftsjahres, müssen die Unterkonten 5001 bzw. 5101 abgeschlossen und auf das entsprechende Erlöskonto übertragen werden.

Das Konto 5001 wird auf das Konto 5000 Umsatzerlöse für eigene Erzeugnisse übertragen.
Das Konto 5101 wird auf das Konto 5100 Umsatzerlöse für Handelswaren übertragen.

Buchung des Vorgangs

Buchungssatz:

Kto-Nr.	Kontobezeichnung	SOLL €	HABEN €
5100	Umsatzerlöse für Handelswaren	30,00	
5101	Erlösberichtigungen		30,00

Auf T-Konten sieht dies so aus:

S	2400 Forderungen a. LL.	H
3.570,00 €		35,70 €

S	4800 Umsatzsteuer	H
5,70 €		570,00 €

S	5100 Umsatzerlöse f. HW	H
30,00 €		3.000,00 €

S	5101 Erlösberichtigungen	H
30,00 €		30,00 €

Kontrollieren Sie das Ergebnis dieses Vorgangs!

- Die Forderungen betragen nach Verrechnung der Gutschrift 3.534,30 €.
- Die Umsatzerlöse betragen nach der Umbuchung der Erlösberichtigungen nur noch 2.970 €.
- Die Umsatzsteuer beträgt nach Buchung der Erlösberichtigung nur noch 564,30 €. Das ist richtig, denn das sind genau 19 % der aktuellen Umsatzerlöse.

So trainiere ich für die Prüfung

Aufgaben

1. Wissensfragen

1.
Sie sind kaufmännischer Mitarbeiter der Mutz & Mutz OHG. Ihnen liegt folgender Beleg vor:

Beleg 1 (AR 100-5678)

Mutz & Mutz OHG
Ihr Spezialist für Kleinmaterialien und Zubehörteile

Postfach 67 17 34 90419 Nürnberg Telefon (0911) 477841 Fax (05151) 478842

Mutz & Mutz OHG - Postfach 67 17 34 - 90419 Nürnberg

Carsten Strasser Heizungsbau GmbH
Alter Teich 12
31863 Bisperode

Bankverbindung:
Frankenbank
IBAN DE98 7626 0451 0000 4455 66
BIC GENODEF1FUE

Rechnung

Kunden-Nr.	**Rechnungs-Nr.**	**Datum**
220100	100-5678	05.08.20..

Art.-Nr.	**Artikel**	**Menge**	**Einzelpreis**	**Gesamtpreis**
48971	Schrauben	100 Packungen	28,20 € je Pack.	2.820,00 €
18676	Schmierfett	200 Dosen	6,80 € je Dose	1.360,00 €
		- 8 % Rabatt		108,80 €
		Warenwert		4.071,20 €
		+ Transportkostenpauschale		120,00 €
				4.191,20 €
		+ 19 % USt		796,33 €
		Rechnungsbetrag		4.987,53 €

Die Leistung wurde am 05.08.20.. erbracht.
Die Rechnung ist innerhalb von 8 Tagen mit 3 % Skonto vom Warenwert oder spätestens nach 30 Tagen rein netto zahlbar.
Die Ware bleibt bis zur vollständigen Bezahlung unser Eigentum. Gerichtsstand ist Nürnberg.

Unsere Steuer-Nummer: 3490786756

Buchen Sie die Ausgangsrechnung 100-5678 am 05.08.20.. Die Carsten Strasser Heizungsbau GmbH wird unter der Debitorennummer 24037 geführt.

2.
Am 16.08.20.. erstellen Sie für den Kunden Carsten Strasser Heizungsbau GmbH den Beleg 2. Buchen Sie diesen Vorgang aus der Sicht der Mutz & Mutz OHG.

Beleg 2 (100-5678-1)

Mutz & Mutz OHG
Ihr Spezialist für Kleinmaterialien und Zubehörteile

Postfach 67 17 34 **90419 Nürnberg** **Telefon (0911) 477841** **Fax (05151) 478842**

Mutz & Mutz OHG - Postfach 67 17 34 - 90419 Nürnberg

Carsten Strasser Heizungsbau GmbH
Alter Teich 12
31863 Bisperode

Bankverbindung:
Frankenbank
IBAN DE98 7626 0451 0000 4455 66
BIC GENODEF1FUE

Gutschriftsanzeige

Kunden-Nr.	**Rechnungs-Nr.**	**Datum**
220100	100-5678-1	15.08.20..

Aufgrund Ihrer Reklamation und Warenrücksendung (Rechnungs-Nr. 100-5678) vom 13.08.20.. erteilen wir Ihnen folgende Gutschrift

Art.-Nr.	**Artikel**	**Menge**	**Einzelpreis in €**	**Gesamtpreis in €**
18676	Schmierfett	20 Dosen	6,80 € je Dose	136,00 €
		- 8 % Rabatt		10,88 €
				125,12 €
		+ 19 % USt		23,77 €
		Rechnungsbetrag		148,89 €

Die Leistung wurde am 15.08.20.. erbracht.
Wir bitten den Gutschriftsbetrag mit der Rechnung 100-5678 vom 05.08.20.. zu verrechnen.

Unsere Steuer-Nummer: 3490786756

3.
Am 20.08.20.. erfolgt die Begleichung der Ausgangsrechnung 100-5678. Der Zahlungseingang erfolgt auf dem Konto der Mutz & Mutz OHG bei der Frankenbank (Nr. 28062).

4.
Buchen Sie den Beleg 2 (siehe Aufgabe 2) aus der Sichtweise der Carsten Strasser Heizungsbau GmbH. Die Mutz & Mutz OHG wird unter der Kreditorennummer 44043 geführt.

5.

Die Erzgebirge Holzmanufaktur KG hat gemäß Ausgangsrechnung 24122009 weihnachtliche Geschenkartikel an die Hamburger Sparkasse (Debitorennummer 24033) geliefert: 100 Stück zu einem Netto-Listenverkaufspreis von 23,80 €/Stück, 7 % Liefererrabatt. Nachdem die Hamburger Sparkasse die Rechnung 24122009 bereits beglichen hatte, werden 15 Stück nach erfolgreicher Mängelrüge zurückgeschickt.

Buchen Sie aus der Sichtweise der Erzgebirge Holzmanufaktur KG den Gutschriftsbetrag über das Konto bei der Erfurter Sparkasse (Nr. 28024).

6.

Ein Kunde (Debitorennummer 24088), dem Sie am 08.08.20.. gemäß Ausgangsrechnung 00765 Handelswaren mit einem Gesamtrechnungsbetrag von 26.444,18 € geliefert haben, schickt am 11.08.20.. Waren nach erfolgreicher Mängelrüge mit einem Netto-Warenwert in Höhe von 180 € zurück.

Buchen Sie am 08.08.20.. sowie am 11.08.20..

7.

Welche der folgenden Aussagen sind richtig?

a) Senden Kunden beanstandete Erzeugnisse bzw. Handelswaren an den Lieferer zurück, führt dies zu einer nachträglichen Erhöhung der Umsatzerlöse.

b) Eine Rücksendung von Erzeugnissen an den Lieferer führt aus der Sicht des Lieferers zu einer Aktiv-Passiv-Minderung (Bilanzverkürzung) in der Bilanz.

c) Sendet der Kunde Handelswaren zurück, muss der Lieferer das Konto „5101 Erlösberichtigungen Handelswaren“ ansprechen.

d) Sendet der Kunde Handelswaren zurück, muss der Kunde das Konto „2082 Nachlässe Handelswaren“ ansprechen.

e) Rücksendungen von Erzeugnissen wirken sich mindernd auf den zu überweisenden Rechnungsbetrag aus.

f) Rücksendungen von Waren und Erzeugnissen beeinflussen nicht die ursprünglich ausgewiesene Umsatzsteuer gemäß Ausgangsrechnung.

g) Sendet ein Kunde Waren im Wert von brutto 660,45 € an den Lieferer zurück, muss der Kunde eine Vorsteuer-Korrektur in Höhe von 125,49 € vornehmen.

h) Sendet ein Kunde Waren im Wert von brutto 660,45 € an den Lieferer zurück, muss der Kunde eine Vorsteuer-Korrektur in Höhe von 105,45 € vornehmen.

2. Fallsituation

Ihnen liegt als kaufmännischer Mitarbeiter der Color GmbH in Hameln die Ausgangsrechnung 8749 vor:

AR 8749

Color GmbH
Hameln

Color GmbH, Hafenstraße 125, 31785 Hameln

Fränkische Möbelwerke OHG
Luitpoldstraße 12
91054 Erlangen

Kunden-Nr. 4240
Ansprechpartner: Frau Pöch
Tel. 05151/427
Lieferschein-Nr. 42928
Lieferdatum: 06.10.20..
Rechnungsdatum: 08.10.20..

Rechnungsnummer: 8749

Pos.	Art.-Nr.	Artikel	Menge	Einzelpreis	Gesamtpreis
1	700123	Spezialklarlack	200 Liter	3,70 €/Liter	740,00 €
			- 12 % Rabatt		88,80 €
					651,20 €
2	800200	Spezialgrundierung	200 Liter	2,45 €/Liter	490,00 €
			- 12 % Rabatt		58,80 €
					431,20 €
3	200439	Holzglasur „Buche hell“	100 Liter	4,30 €/Liter	430,00 €
4	200650	Holzglasur „Eiche hell“	100 Liter	5,20 €/Liter	520,00 €
5	200722	Holzglasur „natur“	150 Liter	3,90 €/Liter	585,00 €
			- 5 % Rabatt		29,25 €
					555,75 €
			Warenwert		2.588,15 €
		+	Transportkostenpauschale		
			Pos. 1 - 2		30,00 €
			Pos. 3 - 5		40,00 €
					2.658,15 €
		+	19 % USt		505,05 €
			Rechnungsbetrag		3.163,20 €

Die Leistung wurde am 06.10.20.. erbracht.
Die Rechnung ist zahlbar innerhalb von 30 Tagen netto Kasse.
Die Ware bleibt bis zur vollständigen Bezahlung unser Eigentum. Gerichtsstand ist Hameln.

Unsere Steuer-Nummer: 1234567890

Kreissparkasse Hannover
BIC SPKHbE2HXXX
IBAN DE37 2505 0180 0008 7543 21

a) Buchen Sie die Ausgangsrechnung 8749 am 06.10.20.. Die Positionen 1 und 2 der Rechnung sind selbsterstellte Waren. Die Positionen 3 bis 5 sind Handelswaren. Die Fränkische Möbelwerke OHG wird unter der Debitorennummer 24068 geführt.

b) Am 12.10.20.. schickt die Fränkische Möbelwerke OHG 25 Liter des Artikels 800200 zurück, da der Behälter nicht luftdicht verschlossen war.

c) Der Rechnungsausgleich der Ausgangsrechnung 8749 erfolgt am 03.11.20.. auf dem Konto der Color GmbH bei der Kreissparkasse Hannover (Nr. 28040).

   Buchen Sie den Zahlungseingang.

d) Welche Buchungen sind aus der Sicht der Fränkischen Möbelwerke OHG vorzunehmen? Unterstellen Sie dabei, dass sämtliche Artikel für den sofortigen Produktionsprozess benötigt werden. Die Color GmbH wird unter der Kreditorennummer 44016 geführt. Der Rechnungsausgleich erfolgt über die Hugenottenbank Erlangen (Nr. 28003).

e) Zu einem Zieleinkaufspreis von 3 €/Liter möchte die Fränkische Möbelwerke OHG eine große Menge des Artikels Spezialklarlack (Nr. 700123) abnehmen. Wie viel Prozent Rabatt muss die Color GmbH gewähren, wenn sie die Kundenforderung akzeptiert?

Lösungen

1. Wissensfragen

1.

Kto-Nr.	Kontobezeichnung	Soll €	Haben €
24037	Forderungen a. LL.	4.987,53	
5000	Umsatzerlöse für eigene Erzeugnisse		4.191,20
4800	Umsatzsteuer		796,33

A, B

2.

Kto-Nr.	Kontobezeichnung	Soll €	Haben €
5000	Umsatzerlöse für eigene Erzeugnisse	125,12	
4800	Umsatzsteuer	23,77	
24037	Forderungen a. LL.		148,89

A, B

3.

Kto-Nr.	Kontobezeichnung	Soll €	Haben €
28062	Frankenbank	4.838,64	
24037	Forderungen a. LL.		4.838,64

A, B

4.

Kto-Nr.	Kontobezeichnung	Soll €	Haben €
44043	Verbindlichkeiten a. LL.	148,89	
2030/ 6030	Betriebsstoffe Aufwendungen für Betriebsstoffe		125,12
2600	Vorsteuer		23,77

B

B

5.

Kto-Nr.	Kontobezeichnung	Soll €	Haben €
5000	Umsatzerlöse für eigene Erzeugnisse	332,01	
4800	Umsatzsteuer	63,08	
28024	Erfurter Sparkasse		395,09

B

6.

08.08.20..

Kto-Nr.	Kontobezeichnung	Soll €	Haben €
24088	Forderungen a. LL.	26.444,18	
5100	Umsatzerlöse für Handelswaren		22.222,00
4800	Umsatzsteuer		4.222,18

11.08.20..

Kto-Nr.	Kontobezeichnung	Soll €	Haben €
5100	Umsatzerlöse für Handelswaren	180,00	
4800	Umsatzsteuer	34,20	
24088	Forderungen a. LL.		214,20

A, B, C

7. Die Aussagen b), e) und h) sind richtig.

2. Fallsituation

A, B

a)

06.10.20..

Kto-Nr.	Kontobezeichnung	Soll €	Haben €
24068	Forderungen a. LL.	3.163,20	
5000	Umsatzerlöse für eigene Erzeugnisse		1.112,40
5100	Umsatzerlöse für Handelswaren		1.545,75
4800	Umsatzsteuer		505,05

A, B

b)

25 Liter · 2,45 €/Liter	61,25 €
- 12 % Rabatt	7,35 €
= Gutschriftsbetrag netto	53,90 €

12.10.20..

Kto-Nr.	Kontobezeichnung	Soll €	Haben €
5000	Umsatzerlöse für eigene Erzeugnisse	53,90	
4800	Umsatzsteuer	10,24	
24068	Forderungen a. LL.		64,14

c)

A, B

	Rechnungsbetrag	3.163,20 €
-	Rücksendung	64,14 €
=	**Überweisungsbetrag**	**3.099,06 €**

03.11.20..

Kto-Nr.	Kontobezeichnung	Soll €	Haben €
28040	Kreissparkasse Hannover	3.099,06	
24068	Forderungen a. LL.		3.099,06

d)

A, B

06.10.20..

Kto-Nr.	Kontobezeichnung	Soll €	Haben €
6020	Aufwendungen für Hilfsstoffe	2.588,15	
6021	Bezugskosten Hilfsstoffe	70,00	
2600	Vorsteuer	505,05	
44016	Verbindlichkeiten a. LL.		3.163,20

12.10.20..

Kto-Nr.	Kontobezeichnung	Soll €	Haben €
44016	Verbindlichkeiten a. LL.	64,14	
6020	Aufwendungen für Hilfsstoffe		53,90
2600	Vorsteuer		10,24

03.11.20..

Kto-Nr.	Kontobezeichnung	Soll €	Haben €
44016	Verbindlichkeiten a. LL.	3.099,06	
28003	Hugenottenbank Erlangen		3.099,06

e)

D

3,70 €/Liter = 100 %
0,70 €/Liter = X **X = 18,91891 %**

Die Color GmbH muss einen Rabatt von 18,91891 % gewähren, wenn sie die Kundenforderung von 3 €/Liter akzeptiert.

III. Rabatt und Skonto

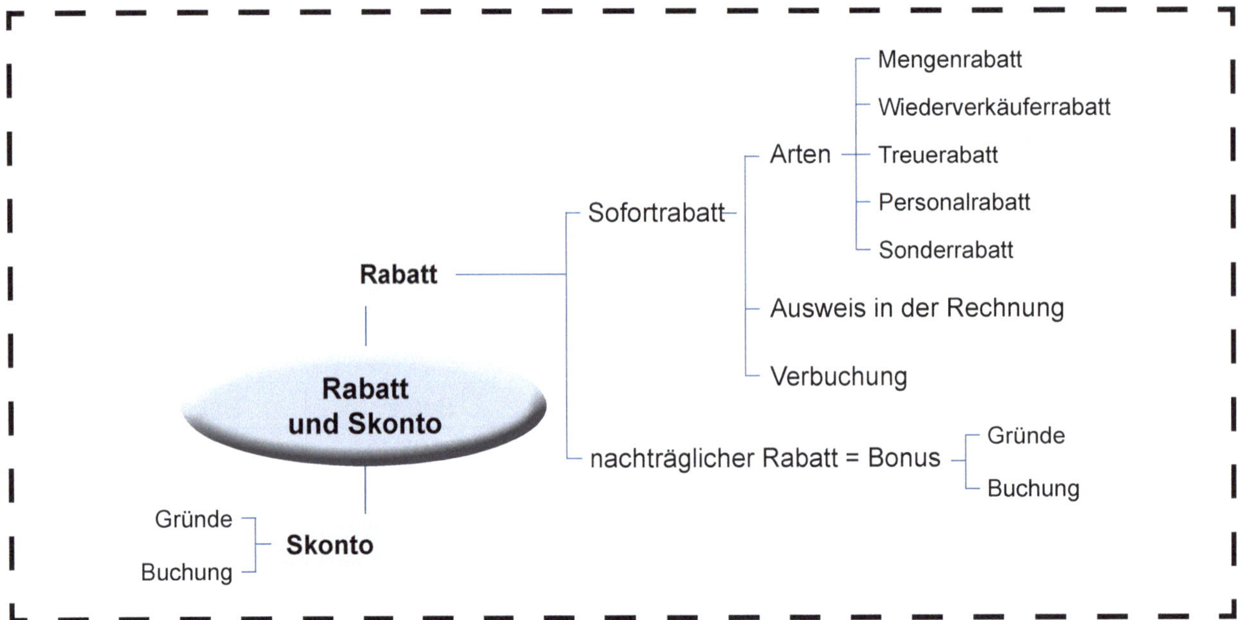

Was muss ich für die Prüfung wissen?

1. Rabatte

Rabatte sind Preisnachlässe, die aus unterschiedlichen Gründen gewährt werden. Die häufigsten Rabattarten sind:

- Mengenrabatt
  Er wird bei entsprechenden Abnahmemengen, oft in Form einer Staffel, gewährt.
- Wiederverkäuferrabatt
  Er wird vom Hersteller an den Groß- oder Einzelhändler gewährt.
- Treuerabatt
  Er wird an Stammkunden gewährt, zu denen eine längere Geschäftsbeziehung besteht.
- Personalrabatt
  Er wird an Betriebsangehörige gewährt, die Produkte des eigenen Unternehmens kaufen.
- Sonderrabatt
  Er kann aus verschiedenen Gründen gewährt werden. Ein häufiger Grund sind Sonderrabatte bei Räumungsverkäufen wegen Umbaumaßnahmen.

Alle Rabatte dieser Art sind im Normalfall sog. Sofortrabatte. Sie sind in der Regel bereits vom Listenpreis abgezogen und als solche in der Rechnung ausgewiesen. Damit wird auch nur der verminderte Betrag mit der Umsatzsteuer besteuert. Daher werden Sofortrabatte auch in der Buchhaltung nicht gebucht.

2. Bonus

Ein Bonus ist ein nachträglich gewährter Rabatt. Die häufigste Form des Bonus kommt in der Form eines nachträglichen Mengenrabattes vor. Kunden erhalten z. B. am Jahresende einen nachträglichen Rabatt für eine erzielte Einkaufssumme. Boni werden auf die Konten 5001 bzw. 5101 Erlösberichtungen gebucht.

3. Skonto

Ein Skonto ist ein Angebot des Lieferanten für einen Nachlass, wenn der Kunde innerhalb der vereinbarten Frist (= Skontofrist) bezahlt. Nur wenn er diese Frist einhält, darf er vom Rechnungsbetrag den entsprechenden Skonto abziehen. Ein Skonto mindert nachträglich den Umsatzerlös, daher bucht man diesen Nachlass auf die Konten 5001 bzw. 5101 Erlösberichtigungen.

Bonus und Skonto sind Nachlässe, die nachträglich den Wert der Umsatzerlöse mindern. Sie dürfen daher nicht direkt auf die Erlöskonten, sondern müssen zunächst auf Unterkonten gebucht werden. Diese Buchung erfolgt aus Gründen der Übersichtlichkeit.

Was erwartet mich in der Prüfung?

Rabatte sind ein Instrument der Absatzpolitik. Sie müssen deutlich zwischen einem Sofortrabatt und einem nachträglichen Rabatt unterscheiden. Während Ersterer meist nur als Rabatt bezeichnet wird, spricht man im zweiten Fall von einem Bonus. Sie müssen beachten, dass Sofortrabatte zu einer sofortigen Verringerung des Warenwertes führen und deshalb nicht der Umsatzsteuer unterliegen. Sie werden daher auch nicht gebucht. Ein Bonus dagegen ist ein nachträglicher Rabatt, der bei seiner Gewährung zu einer Erlösminderung führt. Dabei müssen Sie beachten, dass Sie den Erlös und die anteilige Umsatzsteuer korrekt verbuchen. Skonti sind ebenfalls ein Mittel der Absatzpolitik und führen zu einer nachträglichen Reduzierung des Rechnungsbetrages, sofern ihn der Kunde ausnutzt. Auch bei diesem Nachlass müssen Sie die Buchung als Erlöskorrektur und die Korrektur der anteiligen Umsatzsteuer beachten.

1. Das Lernlabyrinth

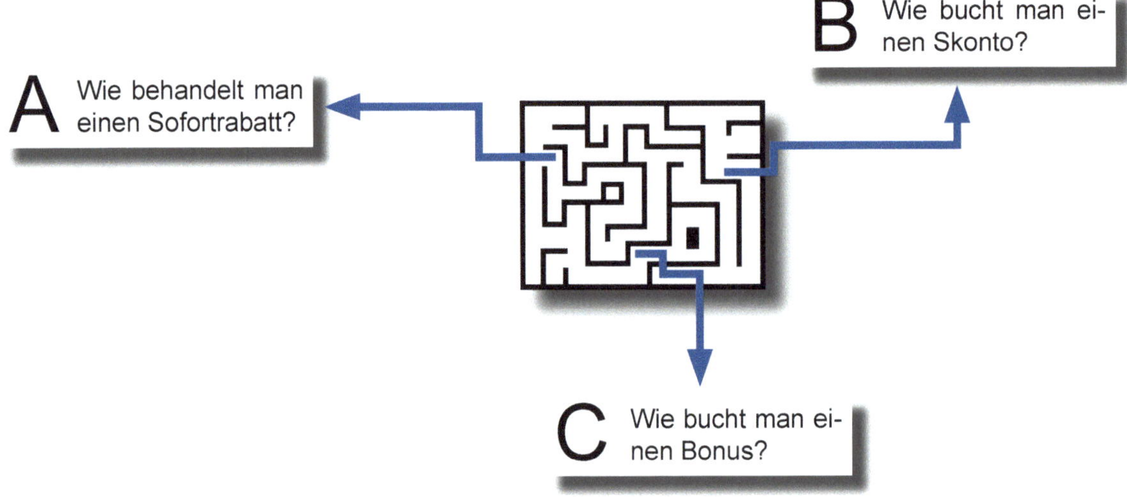

2. Wege aus dem Labyrinth

A Wie behandelt man einen Sofortrabatt?

Die Frankenwald Fenster & Türen OHG hat für Kunden ab einem Bestellwert von mindestens 5.000 € folgende Rabattstaffeln festgelegt:

- ab einem Bestellwert von 5.000 € 3 % Rabatt
- ab einem Bestellwert von 10.000 € 5 % Rabatt
- ab einem Bestellwert von 25.000 € 10 % Rabatt
- ab einem Bestellwert von 50.000 € 15 % Rabatt.

Die Westerland Gebäudemanagement GmbH bestellt 500 Fenster für die Renovierung einer Wohnanlage.

So sieht die Ausgangsrechnung der Frankenwald Fenster & Türen OHG aus:

Artikel-Nr.	Artikel	Menge	Einzelpreis	Gesamtpreis
14730	Fenster	500	50,00 €	25.000,00 €
- 10 % Rabatt				2.500,00 €
Warenwert				22.500,00 €
+ 19 % USt				4.275,00 €
Rechnungsbetrag				**26.775,00 €**

Zahlbar innerhalb von 10 Tagen unter Abzug von 2 % Skonto vom Warenwert, 20 Tage netto.

So bucht man bei der Frankenwald Fenster & Türen OHG die Ausgangsrechnung:

Buchungssatz:

Kto-Nr.	Kontobezeichnung	SOLL €	HABEN €
2400	Forderungen a. LL.	26.775,00	
4800	Umsatzsteuer		4.275,00
5000	Umsatzerlöse für eigene Erzeugnisse		22.500,00

Sofortrabatte dürfen Sie nicht buchen. Sie werden zwar auf der Rechnung ausgewiesen, jedoch vor Berechnung der Umsatzsteuer vom Listenpreis abgezogen.

B Wie bucht man einen Skonto?

Die Westerland Gebäudemanagement GmbH gleicht die Rechnung unter Abzug des Skontos durch Überweisung aus.

Artikel-Nr.	Artikel	Menge	Einzelpreis	Gesamtpreis
14730	Fenster	500	50,00 €	25.000,00 €
- 10 % Rabatt				2.500,00 €
Warenwert				22.500,00 €
+ 19 % USt				4.275,00 €
Rechnungsbetrag				**26.775,00 €**

Zahlbar innerhalb von 10 Tagen unter Abzug von 2 % Skonto vom Warenwert, 20 Tage netto.

Rechnungsbetrag	26.775,00 €
- Skonto 2 %	535,50 €
Überweisungsbetrag	**26.239,50 €**

→ dieser Betrag geht auf dem Konto des Lieferanten, der Frankenwald Fenster & Türen GmbH, ein.

Durch den Skontoabzug vermindern sich die Umsatzerlöse. Daher muss auch die Umsatzsteuer entsprechend korrigiert werden. Der Kunde berechnet den Skonto vom Rechnungsbetrag, d. h. von dem Betrag einschließlich Umsatzsteuer.

Gehen Sie in 5 Schritten vor:

1. Sie berechnen die enthaltene Umsatzsteuer des Skontobetrags.
2. Dann buchen Sie den Netto-Skontobetrag auf die Sollseite des Kontos 5001 bzw. 5101 Erlösberichtigungen.
3. Den Umsatzsteuerbetrag buchen Sie auf die Sollseite des Kontos 4800 Umsatzsteuer.
4. Auf dem Konto 2800 Guthaben bei Kreditinstituten (Bank) buchen Sie den Zahlungseingang (= der um den Skonto verminderte Rechnungsbetrag) auf die Sollseite und
5. auf dem Konto 2400 Forderungen a. LL. buchen Sie den vollständigen Betrag der Forderungen auf der Habenseite aus.

Ermitteln Sie die im Skontobetrag enthaltene Umsatzsteuer:

$$\frac{\text{Skontobetrag brutto} \cdot 19}{119} \qquad \frac{535{,}50 \cdot 19}{119} = 85{,}50\ €$$

Buchung des Vorgangs

Buchungssatz:

Kto-Nr.	Kontobezeichnung	SOLL €	HABEN €
2800	Guthaben bei Kreditinstituten	26.239,50	
5001	Erlösberichtigungen	450,00	
4800	Umsatzsteuer	85,50	
2400	Forderungen a. LL.		26.775,00

Auf T-Konten sieht dies wie folgt aus:

S	2400 Forderungen a. LL.	H
26.775,00 €		26.775,00 €

S	4800 Umsatzsteuer	H
85,50 €		4.275,00 €

S	5000 Umsatzerlöse f. e. E.	H
450,00 €		22.500,00 €

S	5001 Erlösberichtigungen	H
450,00 €		450,00 €

Kontrollieren Sie das Ergebnis!

USt vor der Skontierung	4.275,00 €	Umsatzerlöse	22.500,00 €
- USt-Anteil Skonto	85,50 €	- Erlösberichtigungen	450,00 €
USt nach der Skontierung	4.189,50 €	Umsatzerlöse nach Skontoabzug	22.050,00 €

4.189,50 € sind genau 19 % von 22.050,00 €.

C Wie bucht man einen Bonus?

Die Frankenwald Fenster & Türen OHG gewährt Kunden mit einem Jahresumsatz von mindestens 250.000 € am Jahresende einen Bonus von 2 %.

Kunden, die diesen Umsatz erreichen, erhalten automatisch eine Gutschriftsanzeige und eine Überweisung auf ihr Konto.

Der Umsatz mit der Speckle Fertighaus e. Kfm. in Stuttgart betrug am Ende des aktuellen Geschäftsjahres 337.567,90 €.

Wenn man von Umsatz spricht, handelt es sich immer um den Netto-Umsatz, d. h. ohne Umsatzsteuer.

Sehr geehrter Herr Speckle,

Sie haben bei unserem Unternehmen im Geschäftsjahr 20.. Erzeugnisse im Gesamtwert von 337.567,90 € bezogen. Wir hoffen, Sie waren mit unseren Leistungen stets voll zufrieden und wir bedanken uns für Ihr Vertrauen in unsere Produkte und unseren Service.

Es freut uns, dass wir Ihnen den bei uns üblichen Bonus in Höhe von 2 % für Jahresumsätze ab 250.000 € anzeigen und überweisen dürfen.

	Bonus 2 % von 337.567,90 €	= 6.751,36 €
+	19 % USt	= 1.282,76 €
	Gutschrift	= **8.034,12 €**

Den Betrag überweisen wir Ihnen auf Ihr Konto 12567840 bei der Südbank Stuttgart.

Wir freuen uns auf eine weitere partnerschaftliche Geschäftsbeziehung und wünschen Ihnen mit Ihrem Unternehmen auch für das kommende Geschäftsjahr viel Erfolg.

Freundliche Grüße

Frankenwald Fenster & Türen GmbH

Vera Sperber

Vera Sperber
Geschäftsführerin

Buchung des Vorgangs

Buchungssatz:

Kto-Nr.	Kontobezeichnung	SOLL €	HABEN €
5001	Erlösberichtigungen	6.751,36	
4800	Umsatzsteuer	1.282,76	
2800	Guthaben bei Kreditinstituten		8.034,12

Kontrollieren Sie das Ergebnis durch eine kurze Zusammenstellung.

Speckle Fertighaus

Umsatzerlöse	337.567,90 €	- Umsatzsteuer	64.137,90 €
- Erlösberichtigung	6.751,36 €	- Umsatzsteuer	1.282,76 €
Berichtigter Umsatz	330.816,54 €	berichtigte Umsatzsteuer	62.855,14 €

19 % von diesem Betrag sind genau 62.855,14 €

Jede nachträgliche Korrektur der Umsatzerlöse muss mit ihrem Nettowert auf dem Konto für Erlösberichtigungen gebucht werden. Ebenso muss die Umsatzsteuer entsprechend korrigiert werden, da die Umsatzerlöse nachträglich verringert wurden. Dabei ist es unerheblich, wie lange die Buchung des Umsatzes zurückliegt. Deshalb müssen diese Buchungen auch bei einem Bonus erfolgen, auch wenn diese Gutschrift erst am Jahresende erfolgt.

So trainiere ich für die Prüfung

Aufgaben

1. Wissensfragen

1.
Sie sind kaufmännischer Mitarbeiter der Carsten Strasser & Sohn OHG. Buchen Sie folgenden Beleg unter Einschaltung des Kontos bei der Volksbank Bisperode (Nr. 28044).

Carsten Strasser & Sohn OHG
Ihr Spezialist für Kleinmaterialien und Zubehörteile

Buchenweg 1 **31863 Bisperode** **Telefon (05159) 477841** **Fax (05159) 478842**

Allgäuer Molkerei GmbH
Alpenstraße 5
87459 Pfronten

Bankverbindung:
Volksbank Bisperode
Tel. 05151/427
IBAN DE42 2546 2680 0007 6543 21
BIC GENODEF1cop

Gutschriftsanzeige bezüglich der Lieferung von Handelswaren

Kunden-Nr.	**Rechnungs-Nr.**	**Datum**
220100	007537-2	19.01.20..

Aufgrund Ihrer berechtigten Reklamation (Rechnungs-Nr. 007537-01) vom 31.12.20.. erteilen wir Ihnen einen nachträglichen Preisnachlass. Wir bitten Sie nochmals, unsere Lieferung zu entschuldigen.

Preisnachlass, netto	500,00 €
+ 19 % USt	95,00 €
Gutschriftsbetrag	595,00 €

Die Leistung wurde am 19.01.20.. erbracht.
Wir überweisen den Gutschriftsbetrag auf Ihr Konto bei der Alpenbank eG Pfronten, IBAN DE62 7335 00003 3443 00, BIC BYLADEM1ALG.

Auf weiterhin erfolgreiche Zusammenarbeit verbleibe ich mit den besten Grüßen aus Bisperode nach Pfronten.

Bisperode, den 19.01.20.. *Carsten Strasser*

2.
Sie sind kaufmännischer Mitarbeiter der Carsten Strasser & Sohn OHG. Buchen Sie folgenden Beleg. Der Kunde Allgäuer Molkerei GmbH wird unter der Debitorennummer 24033 geführt.

Carsten Strasser & Sohn OHG

Ihr Spezialist für Kleinmaterialien und Zubehörteile

Buchenweg 1 31863 Bisperode Telefon (05159) 477841 Fax (05159) 478842

Allgäuer Molkerei GmbH
Alpenstraße 5
87459 Pfronten

Bankverbindung:
Volksbank Bisperode
Tel. 05151/427
IBAN DE42 2546 2680 0007 6543 21
BIC GENODEF1cop

Gutschriftsanzeige bezüglich der Lieferung von Handelswaren

Kunden-Nr.	**Rechnungs-Nr.**	**Datum**
220100	123456-02	15.10.20..

Aufgrund Ihrer berechtigten Reklamation (Rechnungs-Nr. 123456-01 v. 03.10.20..) vom 12.10.20.. erteilen wir Ihnen einen nachträglichen Preisnachlass. Wir bitten Sie nochmals, unsere Lieferung zu entschuldigen.

Preisnachlass, netto	1.000,00 €
+ 19 % USt	190,00 €
Gutschriftsbetrag	1.190,00 €

Wir bitten Sie, den Gutschriftsbetrag mit der Rechnung 123456-01 zu verrechnen.

Auf weiterhin erfolgreiche Zusammenarbeit verbleibe ich mit den besten Grüßen aus Bisperode nach Pfronten.

Bisperode, den 15.10.20.. *Carsten Strasser*

3.

Buchen Sie den Beleg aus Aufgabe 2 aus der Sichtweise der Allgäuer Molkerei GmbH. Die Rechnung Nr. 123456-01 bezog sich auf den Kauf von verschiedenen Hilfsstoffen. Die Waren wurden als Lagerbestand erfasst. Die Carsten Strasser & Sohn OHG wird unter der Kreditorennummer 44077 geführt.

4.

Welcher Geschäftsfall wird aus der Sicht der Erlanger Industrie AG mit dem folgenden Buchungssatz dokumentiert?

Kto-Nr.	Kontobezeichnung	SOLL €	HABEN €
5101	Erlösberichtigungen Handelswaren	2.380,00	
24033	Forderungen a. LL.		2.380,00

5.

Welcher Geschäftsfall wird aus der Sicht der Erlanger Industrie AG mit dem folgenden Buchungssatz dokumentiert?

Kto-Nr.	Kontobezeichnung	SOLL €	HABEN €
5000	Umsatzerlöse für eigene Erzeugnisse	1.800,00	
4800	Umsatzsteuer	342,00	
28017	Sparkasse Forchheim		2.142,00

6.

Sie sind kaufmännischer Mitarbeiter der Dortmunder Walzwerke AG. Die Stuttgarter Industrie AG gleicht eine Eingangsrechnung der Dortmunder Walzwerke AG über die Lieferung von Edelstahlblechen unter Abzug von 3 % Skonto vom ursprünglichen Rechnungsbetrag aus. Der Überweisungsbetrag beträgt 90.035,40 €.

Die Stuttgarter Industrie AG wird unter der Debitorennummer 24088 geführt. Der Betrag wird auf das Konto der Dortmunder Walzwerke AG bei der Dortmunder Unionbank (Kontonummer 28060) überwiesen. Buchen Sie diesen Vorgang.

7.

Mit welchem Buchungssatz wird ein Saldo in Höhe von 1.000 € auf dem Konto „5001 Erlösberichtigungen eigene Erzeugnisse" am Ende der Abrechnungsperiode abgeschlossen?

8.

Mit welchem Buchungssatz wird ein Saldo in Höhe von 2.000 € auf dem Konto „2002 Nachlässe Rohstoffe" am Ende der Abrechnungsperiode abgeschlossen?

9.

Welcher Geschäftsfall wird mit dem folgenden Buchungssatz dokumentiert?

Kto-Nr.	Kontobezeichnung	SOLL €	HABEN €
4800	Umsatzsteuer	95,00	
5001	Erlösberichtigungen eigene Erzeugnisse		95,00

10.

Sie sind Mitarbeiter der Rheinischen Maschinenfabrik AG. Ihnen liegt folgender Beleg vor:

Rheinische Maschinenfabrik AG

Rheinische Maschinenfabrik AG **Bochumer Straße 1d** **40210 Düsseldorf**

Hannoversche Metallwerke AG
Am Maschsee 1 - 4
30153 Hannover

Rechnungsnummer 987654

Datum
15.10.20..

	Gesamtpreis
Stanzmaschine PC 123456 inklusive Zubehörteile, Einweisung, und anteilige Transportkosten komplett	500.000,00 €
+ 19 % Umsatzsteuer	95.000,00 €
	595.000,00 €

Die Rechnung ist innerhalb von 10 Tagen mit 3 % Skonto vom Rechnungsbetrag oder spätestens nach 30 Tagen rein netto zahlbar.

Die Ware bleibt bis zur vollständigen Bezahlung unser Eigentum. Gerichtsstand ist Düsseldorf.

Die Leistung wurde am 15.10.20.. erbracht.

Vorstand
Dr. Werner Müller
Herbert Wannhöfer

HR Düsseldorf
B 84286

Aufsichtsrat
(Vorsitz)
Helga Eichler

Bankverbindung
Ruhrbank AG

IBAN DE40 3007 0024 1002 0032 1
BIC DEUTDEDB252

Telefon
0211-2678124
Fax
0211 - 2678124
E-Mail
mail@rheinische.maschinenfabrik.de

Finanzamt 2463
Düsseldorf

Steuer-Nr. 12 36 750 00 32
USt-ID-Nr. DE 247826453

a) Buchen Sie die Ausgangsrechnung 987654.

b) Die Hannoversche Metallwerke AG begleicht die Rechnung 987654 am 25.10.20.. Der Zahlungseingang erfolgt auf dem Konto der Rheinischen Maschinenfabrik AG bei der Ruhrbank AG (Nr. 28070).

11.

Welche der folgenden Aussagen sind falsch?

a) Die Industrie GmbH erfasst einen Preisnachlass in Höhe von brutto 1.056,72 € nach der Bruttomethode. Die Umsatzsteuer muss um 168,72 € korrigiert werden.

b) Das Konto „5001 Erlösberichtigungen“ wird über das Konto „5000 Umsatzerlöse für eigene Erzeugnisse“ abgeschlossen.

c) Ein Lieferer gewährt Skonto immer auf den Warenwert.

d) Ein Kunde überweist eine Rechnung abzüglich 2,5 % Skonto vom Rechnungsbetrag. Der Überweisungsbetrag beträgt 21.666,66 €. Der ursprüngliche Rechnungsbetrag beträgt demnach 22.222,22 €.

e) Ein Kunde überweist eine Rechnung abzüglich 3,0 % Skonto vom Rechnungsbetrag in Höhe 9.758 €. Auf dem Konto „5001 Erlösberichtigungen eigene Erzeugnisse“ werden somit nach der Nettomethode 292,74 € erfasst.

f) Nachträgliche Preisnachlässe an den Kunden wirken sich ertragsschmälernd aus.

g) Das Konto „5101 Erlösberichtigungen Handelswaren“ wird über das Konto „2280 Handelswaren“ abgeschlossen.

h) Skontoausnutzung von Kunden wirkt sich negativ auf die Liquidität des Unternehmens aus.

2. Fallsituationen

2.1 Fall 1

Sie sind Mitarbeiter der Hamelner Maschinenwerke GmbH. Ihnen liegt die Ausgangsrechnung 5678 vor:

Hamelner Maschinenwerke GmbH
Fertigungstechnologie

Alter Teich 12 | 31875 Hameln | Telefon (05151) 123456 | Fax (05151) 123459

Hamelner Maschinenwerke GmbH, Alter Teich 12, 31785 Hameln

Werkzeugbau Schmidt OHG
Pappelweg 1
97018 Würzburg

Bankverbindung:
Rattenfängerbank Hameln
IBAN DE96 2509 0500 0003 3445 56
BIC GENODEF1S09

Rechnung

Kunden-Nr.	**Rechnungs-Nr.**	**Datum**
708812	5678	20.08.20..

		Gesamtpreis
	CNC-Rundschleifmaschine AS 040372 einschließlich Zubehörteile	85.000,00 €
+	Montage und Einweisung, pauschal	1.800,00 €
+	Transport- und Versicherungskosten	750,00 €
		87.550,00 €
	+ 19 % USt	16.634,50 €
	Rechnungsbetrag	**104.184,50 €**

Die Leistung wurde am 20.08.20.. erbracht.

Die Rechnung ist innerhalb von 10 Tagen mit 2,5 % Skonto vom Rechnungsbetrag oder spätestens nach 30 Tagen rein netto zahlbar.

Die Ware bleibt bis zur vollständigen Bezahlung unser Eigentum. Gerichtsstand ist Hameln.

Unsere Steuer-Nummer: 123456789

a) Buchen Sie die Ausgangsrechnung 5678 zum 20.08.20.. Der Kunde Werkzeugbau Schmidt OHG wird unter der Debitorennummer 24066 geführt.

b) Die Werkzeugbau Schmidt OHG gleicht die AR 5678 am 01.09.20.. über das Konto der Hamelner Maschinenwerke GmbH bei der Rattenfängerbank Hameln (Nr. 28010) aus. Buchen Sie diesen Vorgang.

c) Die Werkzeugbau Schmidt OHG gleicht die AR 5678 am 30.08.20.. über das Konto der Hamelner Maschinenwerke GmbH bei der Rattenfängerbank Hameln (Nr. 28010) aus. Buchen Sie diesen Vorgang.

d) Sie gewähren der Werkzeugbau Schmidt GmbH zum 15.10.20.. aufgrund einer Mängelrüge einen Preisnachlass. Der Gutschriftsbetrag lautet über 2.000 € netto.

Der Vorgang wird über das Konto bei der Niedersachsenbank Hannover (Nr. 28020) abgewickelt. Wenden Sie die Bruttomethode an.

Welche Buchungen sind notwendig?

e) Mit welchem Buchungssatz schließen Sie das Konto „5001 Erlösberichtigungen eigene Erzeugnisse“ am Ende der Rechnungsperiode ab?

2.2 Fall 2

Sie arbeiten als kaufmännischer Mitarbeiter der Henning Feldersen OHG im Rechnungswesen.

Ein Kunde, die Euro-Glas GmbH, bestellt am 28.02.20.. gemäß Ausgangsrechnung 5678 folgende Handelswaren:

- 100 kg Flüssigkleber zum Preis von netto 15,20 € je kg.
  Die Behälter sind gegen Licht und Temperatur geschützt verpackt.
  Der Rabatt beträgt 5 % ab 150 kg.
- 200 Sprühdosen Montageschaum zum Preis von netto 6,80 € je Dose.
  Sie gewähren Rabatt nach folgender Staffel:
  ab 100 Dosen 5 %
  ab 150 Dosen 8 %
  ab 250 Dosen 10 %.

Die Rechnung ist innerhalb von 8 Tagen mit 3 % Skonto vom Warenwert oder spätestens nach 30 Tagen rein netto zahlbar. Der Transportkostenanteil wird pauschal mit 50 € berechnet.

Beleg 1 (Nr. 5678)

Henning Feldersen OHG
Ihr Spezialist für Klebstoffe und Dichtungsmaterialien

Henning Feldersen OHG PF 221734 28259 Bremen

Euro-Glas GmbH
Luitpoldstraße 12
91054 Erlangen

Bankverbindung:
Hansebank Bremen
IBAN DE12 2905 0101 0008 6037 22
BIC SBREDE22XXX

Rechnung

Kunden-Nr.	**Rechnungs-Nr.**	**Datum**
890100	5678	05.03.20..

Sie erhielten gemäß Ihrer Bestellung vom 28.02.20.. und unserer Lieferungsbedingungen folgende Ware:

Art.-Nr.	**Artikel**	**Menge**	**Einzelpreis**	**Gesamtpreis**
10002	Flüssigkleber	100 kg	15,20 € je kg	1.520,00 €
10044	Montageschaum	200 Dosen	6,80 € je Dose	1.360,00 €
		- 8 % Rabatt		108,80 €
				2.771,20 €
		+ Transportkostenpauschale		50,00 €
				2.821,20 €
		+ 19 % USt		536,03 €
		Rechnungsbetrag		3.357,23 €

Die Leistung wurde am 05.03.20.. erbracht.

Die Rechnung ist innerhalb von 8 Tagen mit 3 % Skonto vom Warenwert oder spätestens nach 30 Tagen rein netto zahlbar.

Die Ware bleibt bis zur vollständigen Bezahlung unser Eigentum. Gerichtsstand ist Bremen.

Unsere Steuer-Nummer: 5690786756

a) Buchen Sie die Ausgangsrechnung 5678 am 05.03.20.. Die Euro-Glas GmbH wird unter der Debitorennummer 24044 geführt.

b) Am 13.03.20.. erfolgt die Begleichung der Ausgangsrechnung 5678. Der Zahlungseingang erfolgt auf dem Konto der Henning Feldersen OHG bei der Hansebank Bremen (28010).

c) Wie wäre der Fall b) zu buchen, wenn die Euro-Glas GmbH die Ausgangsrechnung 5678 erst am 03.04.20.. begleicht?

d) Am 11.04.20.. liegt Ihnen Beleg 2 vor. Nehmen Sie in diesem Zusammenhang alle notwendigen Buchungen vor.

Beleg 2 (Nr. 5678-1)

Henning Feldersen OHG
Ihr Spezialist für Klebstoffe und Dichtungsmaterialien

Henning Feldersen OHG PF 22 17 34 28259 Bremen

Euro-Glas GmbH
Luitpoldstraße 12
91054 Erlangen

Bankverbindung:
Hansebank Bremen
IBAN DE12 2905 0101 0008 6037 22
BIC SBREDE22XXX

Gutschriftsanzeige

Kunden-Nr.	**Rechnungs-Nr.**	**Datum**
890100	5678-1	10.04.20..

Aufgrund Ihrer Reklamation und Warenrücksendung (Rechnungs-Nr. 5878) vom 05.04.20.. erteilen wir Ihnen folgende Gutschrift:

Art.-Nr.	Artikel	Menge	Einzelpreis	Gesamtpreis
10044	Montageschaum	20 Dosen	6,80 € je Dose	136,00 €
		- 8 % Rabatt		10,88 €
				125,12 €
		+ 19 % USt		23,77 €
		Rechnungsbetrag		148,89 €

Wir überweisen den Gutschriftsbetrag auf Ihr Konto bei der Rattenfängerbank Hameln, IBAN DE29 2545 0110 008 6037 22, BIC NOLADE21SWB.

Unsere Steuer-Nummer: 5690786756

2.3 Fall 3

Sie sind Mitarbeiter der Vereinigten Aluwerke GmbH in Göttingen. Die Schweriner Fahrradwerke GmbH (Debitorennummer 24099) erhält gemäß Eingangsrechnung 998822 von den Vereinigten Aluwerken in Göttingen am 04.03.20.. 3.000 Aluminiumrahmen zum Listeneinkaufspreis von 35 €/ Stück.

Die Aluwerke gewähren einen Mengenrabatt ab 2.000 Stück in Höhe von 12 % und ab 4.000 Stück 15 %. Zudem fallen anteilige Transport- und Versicherungskosten von netto 500 € pro 1.000 Rahmen an.

Die Rahmen werden für einen Kundenauftrag für den sofortigen Produktionsprozess benötigt. Die Rechnung ist innerhalb von 8 Tagen mit 3 % Skonto vom Warenwert oder spätestens nach 30 Tagen rein netto zahlbar.

Am 05.03.20.. stellt der Kunde im Rahmen der Materialeingangsprüfung fest, dass 50 Rahmen im falschen Winkel gebogen worden sind. Nach erfolgter Mängelrüge schicken die Schweriner Fahrradwerke die Ware am selben Tag zurück. Sie erkennen die Mängelrüge an und schreiben am 07.03.20.. den entsprechenden Betrag gut.

Am 12.03. 20.. erfolgt letztendlich der Ausgleich der Rechnung 998822 über das Konto der Vereinigten Aluwerke GmbH bei der Universitätsbank Göttingen (Kontonummer 28111). Wenden Sie bei allen Buchungen die Nettomethode an.

a) Erstellen Sie als kaufmännischer Mitarbeiter der Vereinigten Aluwerke GmbH Göttingen schriftlich die Gutschriftanzeige mithilfe des nachfolgenden Formulars über die 50 zurückgeschickten Rahmen.

Vereinigte Aluwerke GmbH

Vereinigte Aluwerke GmbH Jüdenstraße 1 37073 Göttingen

Schweriner Fahrradwerke GmbH
Hansastraße 12 -14
19053 Schwerin

Ihr Zeichen, Ihre Nachricht vom	Unser Zeichen	Tel. 0551 83091-220	Datum
05.03.20..	Wee	Herr Weeseler	07.03.20..

Gutschrift/Rechnung Nr. 998822

Geschäftsführer	Bankverbindung:	Tel. 0551 83091- 0	Finanzamt 6543 Göttingen
Klaus Müller	Bankhaus Offenheim	Fax 0551 83091 - 222	Steuer-Nr. 13 25 970 01 24
HR Göttingen	BIC NOCADE21GOE	E-Mail: mail@alu-werke.de	USt-ID-Nr. DE 137646871
B 1478	IBAN DE79 2605 0001 6042 89	Internet: www.alu-werke.de	

b) Nehmen Sie alle erforderlichen Buchungen unter Nennung des Datums aus der Sichtweise des Lieferers vor.

Lösungen

1. Wissensfragen

1.

B

Nettomethode

Kto-Nr.	Kontobezeichnung	SOLL €	HABEN €
5101	Erlösberichtigungen Handelswaren	500,00	
4800	Umsatzsteuer	95,00	
28044	Sparkasse Bisperode		595,00

Bruttomethode

Kto-Nr.	Kontobezeichnung	SOLL €	HABEN €
5101	Erlösberichtigungen Handelswaren	595,00	
28044	Sparkasse Bisperode		595,00

Kto-Nr.	Kontobezeichnung	SOLL €	HABEN €
4800	Umsatzsteuer	95,00	
5101	Erlösberichtigungen Handelswaren		95,00

2.

B

Nettomethode

Kto-Nr.	Kontobezeichnung	SOLL €	HABEN €
5101	Erlösberichtigungen Handelswaren	1.000,00	
4800	Umsatzsteuer	190,00	
24033	Forderungen a. LL.		1.190,00

Bruttomethode

Kto-Nr.	Kontobezeichnung	SOLL €	HABEN €
5101	Erlösberichtigungen Handelswaren	1.190,00	
24033	Forderungen a. LL.		1.190,00

Kto-Nr.	Kontobezeichnung	SOLL €	HABEN €
4800	Umsatzsteuer	190,00	
5101	Erlösberichtigungen Handelswaren		190,00

3.

B

Nettomethode

Kto-Nr.	Kontobezeichnung	SOLL €	HABEN €
44077	Verbindlichkeiten a. LL.	1.190,00	
2022	Nachlässe Hilfsstoffe		1.000,00
2600	Vorsteuer		190,00

Bruttomethode

Kto-Nr.	Kontobezeichnung	SOLL €	HABEN €
44077	Verbindlichkeiten a. LL.	1.190,00	
2022	Nachlässe Hilfsstoffe		1.190,00

Kto-Nr.	Kontobezeichnung	SOLL €	HABEN €
2022	Nachlässe Hilfsstoffe	190,00	
2600	Vorsteuer		190,00

B

4.

Die Erlanger Industrie AG gewährt einem Kunden mit der Debitorennummer 24033 einen nachträglichen Preisnachlass auf Handelswaren (z. B. Gutschrift aufgrund einer Mängelrüge oder eines Jahresbonus) nach der Bruttomethode.

Der Gutschriftsbetrag wird mit einer noch ausstehenden Forderung verrechnet.

5.

Ein Kunde schickt eigene Erzeugnisse der Erlanger Industrie AG zurück. Der Gutschriftsbetrag wird dem Kunden über das Geschäftskonto bei der Sparkasse Forchheim überwiesen.

B

6.

Nettomethode unter Abzug von Skonto

Kto-Nr.	Kontobezeichnung	SOLL €	HABEN €
28060	Dortmunder Unionbank	90.035,40	
5001	Erlösberichtigungen für eigene Erzeugnisse	2.340,00	
4800	Umsatzsteuer	444,60	
24088	Forderungen a. LL.		92.820,00

Bruttomethode unter Abzug von Skonto

Kto-Nr.	Kontobezeichnung	SOLL €	HABEN €
28060	Dortmunder Unionbank	90.035,40	
5001	Erlösberichtigungen für eigene Erzeugnisse	2.784,60	
24088	Forderungen a. LL.		92.820,00

Kto-Nr.	Kontobezeichnung	SOLL €	HABEN €
4800	Umsatzsteuer	444,60	
5001	Erlösberichtigungen für eigene Erzeugnisse		444,60

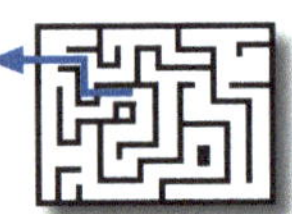

B

7.

Kto-Nr.	Kontobezeichnung	SOLL €	HABEN €
5000	Umsatzerlöse für eigene Erzeugnisse	1.000,00	
5001	Erlösberichtigungen für eigene Erzeugnisse		1.000,00

8.

B

Kto-Nr.	Kontobezeichnung	SOLL €	HABEN €
2002	Nachlässe Rohstoffe	2.000,00	
2000	Rohstoffe		2.000,00

9.

B

Ein Preisnachlass an einen Kunden in Höhe von 500 € netto wurde nach der Bruttomethode erfasst. Am Ende des Umsatzsteuer-Voranmeldezeitraumes korrigieren wir die anteilige Umsatzsteuer in Höhe von 95 €.

10.

A, B

a)

Kto-Nr.	Kontobezeichnung	SOLL €	HABEN €
2400	Forderungen a. LL.	595.000,00	
5000	Umsatzerlöse für eigene Erzeugnisse		500.000,00
4800	Umsatzsteuer		95.000,00

b)

Nettomethode unter Abzug von Skonto

Kto-Nr.	Kontobezeichnung	SOLL €	HABEN €
28070	Ruhrbank	577.150,00	
5001	Erlösberichtigungen für eigene Erzeugnisse	15.000,00	
4800	Umsatzsteuer	2.850,00	
2400	Forderungen a. LL.		595.000,00

Bruttomethode unter Abzug von Skonto

Kto-Nr.	Kontobezeichnung	SOLL €	HABEN €
28070	Ruhrbank	577.150,00	
5001	Erlösberichtigungen für eigene Erzeugnisse	17.850,00	
24088	Forderungen a. LL.		595.000,00

Kto-Nr.	Kontobezeichnung	SOLL €	HABEN €
4800	Umsatzsteuer	2.850,00	
5001	Erlösberichtigungen für eigene Erzeugnisse		2.850,00

11.

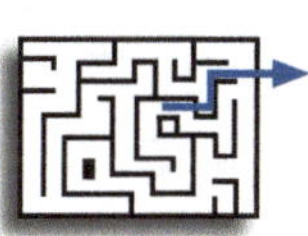
A, B, C

Die Antworten c), e) und g) sind falsch.

2. Fallsituationen

2.1 Fall 1

A

a)

Kto-Nr.	Kontobezeichnung	SOLL €	HABEN €
24066	Forderungen a. LL.	104.184,50	
5000	Umsatzerlöse für eigene Erzeugnisse		87.550,00
4800	Umsatzsteuer		16.634,50

A

b)

Kto-Nr.	Kontobezeichnung	SOLL €	HABEN €
28010	Rattenfängerbank	104.184,50	
24066	Forderungen a. LL.		104.184,50

A, B

c) **Nettomethode unter Abzug von Skonto**

Kto-Nr.	Kontobezeichnung	SOLL €	HABEN €
28010	Rattenfängerbank	101.579,89	
5001	Erlösberichtigungen für eigene Erzeugnisse	2.188,75	
4800	Umsatzsteuer	415,86	
24066	Forderungen a. LL.		104.184,50

Bruttomethode unter Abzug von Skonto

Kto-Nr.	Kontobezeichnung	SOLL €	HABEN €
28010	Rattenfängerbank	101.579,89	
5001	Erlösberichtigungen für eigene Erzeugnisse	2.604,61	
24066	Forderungen a. LL.		104.184,50

Kto-Nr.	Kontobezeichnung	SOLL €	HABEN €
4800	Umsatzsteuer	415,86	
5001	Erlösberichtigungen für eigene Erzeugnisse		415,86

A, B

d)

Kto-Nr.	Kontobezeichnung	SOLL €	HABEN €
5001	Erlösberichtigungen für eigene Erzeugnisse	2.380,00	
28020	Niedersachsenbank Hannover		2.380,00

Kto-Nr.	Kontobezeichnung	SOLL €	HABEN €
4800	Umsatzsteuer	380,00	
5001	Erlösberichtigungen für eigene Erzeugnisse		380,00

e)

B

Kto-Nr.	Kontobezeichnung	SOLL €	HABEN €
5000	Umsatzerlöse für eigene Erzeugnisse	X	
5001	Erlösberichtigungen eigene Erzeugnisse		X

2.2 Fall 2

a)

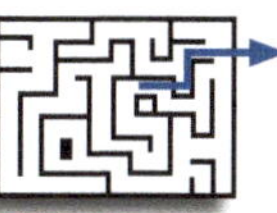

A

Kto-Nr.	Kontobezeichnung	SOLL €	HABEN €
24044	Forderungen a. LL.	3.357,23	
5100	Umsatzerlöse für Handelswaren		2.821,20
4800	Umsatzsteuer		536,03

b)

B

Nettomethode unter Abzug von Skonto

Kto-Nr.	Kontobezeichnung	SOLL €	HABEN €
28010	Hansebank Bremen	3.258,29	
5101	Erlösberichtigungen Handelswaren	83,14	
4800	Umsatzsteuer	15,80	
24044	Forderungen a. LL.		3.357,23

Bruttomethode unter Abzug von Skonto

Kto-Nr.	Kontobezeichnung	SOLL €	HABEN €
28010	Hansebank Bremen	3.258,29	
5101	Erlösberichtigungen Handelswaren	98,94	
24044	Forderungen a. LL.		3.357,23

Kto-Nr.	Kontobezeichnung	SOLL €	HABEN €
4800	Umsatzsteuer	15,80	
5101	Erlösberichtigungen Handelswaren		15,80

c)

A, B

Kto-Nr.	Kontobezeichnung	SOLL €	HABEN €
28010	Hansebank Bremen	3.357,23	
24044	Forderungen a. LL.		3.357,23

d)

A, B

Kto-Nr.	Kontobezeichnung	SOLL €	HABEN €
5100	Umsatzerlöse für Handelswaren	125,12	
4800	Umsatzsteuer	23,77	
28010	Hansebank Bremen		148,89

2.3 Fall 3

a)

Vereinigte Aluwerke GmbH

Vereinigte Aluwerke GmbH, Jüdenstraße 1, 37073 Göttingen

Schweriner Fahrradwerke GmbH
Hansastraße 12 -14
19053 Schwerin

Ihr Zeichen, Ihre Nachricht vom	Unser Zeichen	Tel. 0551 83091-220	Datum
05.03.20..	Wee	Herr Weeseler	07.03.20..

Gutschrift/Rechnung Nr. 998822

Sehr geehrte Damen und Herren,

wir erkennen Ihre Mängelrüge vom 05.03.20.. an und schreiben Ihnen für die 50 zurückgeschickten Rahmen gut:

	50 Stück Aluminiumrahmen (Art. 1980) zu je 35,00 €	1.750,00 €
	abzügl. 12 % Rabatt	210,00 €
	Nettowert	1.540,00 €
+	19 % USt	292,60 €
		1.832,60 €

Wir möchten uns nochmals für unsere Lieferung entschuldigen und bitten um Verrechnung des Betrages mit der Rechnung Nr. 998822 vom 04.03.20..

Mit freundlichen Grüßen

Vereinigte Aluwerke GmbH

i.V. *Weeseler*

Geschäftsführer
Klaus Müller

HR Göttingen
B 1478

Bankverbindung:
Bankhaus Offenheim

IBAN DE79 2605 0001
6042 89
BIC NOCADE21GOE

Tel. 0551 83091- 0
Fax 0551 83091 - 222

E-Mail: mail@alu-werke.de
Internet: www.alu-werke.de

Finanzamt 6543 Göttingen

Steuer-Nr. 13 25 970 01 24
USt-ID-Nr. DE 137646871

B

b)

04.03.20..

Kto-Nr.	Kontobezeichnung	SOLL €	HABEN €
24099	Forderungen a. LL.	111.741,00	
5000	Umsatzerlöse für eigene Erzeugnisse		93.900,00
4800	Umsatzsteuer		17.841,00

07.03.20..

Kto-Nr.	Kontobezeichnung	SOLL €	HABEN €
5000	Umsatzerlöse für eigene Erzeugnisse	1.540,00	
4800	Umsatzsteuer	292,60	
24099	Forderungen a. LL.		1.832,60

Hinweis:

	3.000 · 35,00	=	105.000,00 €
-	12 % Rabatt		12.600,00 €
=	Warenwert		92.400,00 €
-	Rücksendung		1.540,00 €
=			90.860,00 €

↑

3 % Skonto ≙ 2.725,80 €

12.03.20..

Kto-Nr.	Kontobezeichnung	SOLL €	HABEN €
28111	Universitätsbank Göttingen	106.664,70	
5001	Erlösberichtigungen eigene Erzeugnisse	2.725,80	
4800	Umsatzsteuer	517,90	
24099	Forderungen a. LL.		104.184,50

Buchungen am Ende der Abrechnungsperiode

Kto-Nr.	Kontobezeichnung	SOLL €	HABEN €
5000	Umsatzerlöse für eigene Erzeugnisse	2.725,80	
5001	Erlösberichtigungen eigene Erzeugnisse		2.725,80

Kto-Nr.	Kontobezeichnung	SOLL €	HABEN €
5000	Umsatzerlöse für eigene Erzeugnisse	89.634,20	
8020	Gewinn- und Verlustkonto		89.634,20

IV. Kalkulation der Verkaufspreise

Was muss ich für die Prüfung wissen?

1. Ziel und Vorgehensweise der Absatzkalkulation

Das Ziel der Absatzkalkulation ist es, den Listenverkaufspreis eigener Erzeugnisse und Handelswaren zu ermitteln. Sämtliche Zuschläge für Gemeinkosten, Gewinn, Provisionen, Skonto und Rabatt erfolgen in Form von Prozentsätzen. Die Kalkulationen für eigene Erzeugnisse und für Handelswaren unterscheiden sich nur bis zur Ermittlung der Selbstkosten. Ab hier sind sie identisch. Beachten Sie, dass jede Kalkulation netto, d. h. ohne die gültige Umsatzsteuer, erfolgt.

2. Vorwärts-, Rückwärts- und Differenzkalkulation

Die Vorwärtskalkulation ermittelt auf der Basis von Einzelkosten und Zuschlägen für Gemeinkosten, Skonto, evtl. Vertreterprovision und Rabatt den Listenverkaufspreis.

Die Rückwärtskalkulation ermittelt bei vorgegebenem Listenverkaufspreis und unveränderten Zuschlagssätzen den notwendigen Einkaufspreis für Materialien.

Die Differenzkalkulation geht von unveränderten Selbstkosten und von einem vorgegebenen Listenverkaufspreis aus. Sie ermittelt durch eine Rückwärtsrechnung die neue Differenz zwischen Selbstkosten und Barverkaufspreis. Diese Differenz stellt den „neuen“ Gewinn dar, für den man einen „neuen“ Prozentsatz als Zuschlagssatz ermittelt.

3. Kalkulation eigener Erzeugnisse

Die Absatzkalkulation eigener Erzeugnisse beginnt bei den Herstellkosten. Diese ergeben sich aus der Addition der Materialkosten und der Fertigungskosten. Auf die Herstellkosten werden dann Gemeinkosten für Verwaltung und Vertrieb in Form eines Zuschlags in Prozent aufgeschlagen. Das Ergebnis sind die Selbstkosten.

4. Kalkulation von Handelswaren

Handelswaren sind Produkte, die das Sortiment ergänzen. Sie werden eingekauft und im Wesentlichen unverändert weiterverkauft. Handelswaren heißen sie deshalb, weil das Industrieunternehmen in diesem Fall wie ein Handelsunternehmen arbeitet. Für Handelswaren ermittelt man zunächst einen Bezugspreis. Er wird auch als Einstandspreis bezeichnet. Auf ihn schlägt man in Form eines Prozentsatzes die Gemeinkosten für die allgemeine Verwaltung auf. Die Gemeinkosten bezeichnet man hier als Handlungskosten, den Zuschlag als Handlungskostenzuschlag. Der Handlungskostenzuschlag errechnet sich aus dem Verhältnis der Gemeinkosten (= Handlungskosten) zum Wareneinsatz, ausgedrückt in Prozent. Als Wareneinsatz bezeichnet man den Gesamtwert aller eingekauften Handelswaren in einer Abrechnungsperiode. Bei der Kalkulation eines Stücks setzt man die Gemeinkosten in das Verhältnis zum Bezugspreis. In diesem Fall bildet der Bezugspreis die Basis mit 100 %. Das Ergebnis der Addition (Bezugspreis + Handlungskosten) sind die Selbstkosten.

5. Kalkulationszuschlag, Kalkulationsfaktor und Handelsspanne

Eine Besonderheit bei der Kalkulation von Handelswaren sind die Gesamtzuschläge. Bei ihnen fasst man die Einzelzuschläge für Gewinn, Vertreterprovision, Kundenskonto und Rabatt zu einem gemeinsamen Zuschlagssatz zusammen. Damit kann man mit einem Rechenvorgang vom Bezugspreis auf den Listenverkaufspreis oder vom Listenverkaufspreis auf den Bezugspreis schließen. Der Kalkulationsfaktor kann anstatt des Kalkulationszuschlages verwendet werden.

Der Kalkulationszuschlag drückt den Unterschied zwischen dem Listenverkaufspreis und dem Bezugspreis in Prozent vom Bezugspreis aus. Schlägt man diesen Prozentsatz auf den Bezugspreis auf, erhält man sofort den Listenverkaufspreis.

Den Kalkulationsfaktor berechnet man durch die Division von Listenverkaufspreis durch den Bezugspreis. Multipliziert man den Bezugspreis mit diesem Faktor, erhält man sofort den Listenverkaufspreis.

Die Handelsspanne drückt den Unterschied zwischen dem Listenverkaufspreis und dem Bezugspreis in Prozent vom Listenverkaufspreis aus. Zieht man diesen Prozentsatz vom Listenverkaufspreis ab, erhält man sofort den Bezugspreis. Hier handelt es sich um eine Rückwärtsrechnung.

6. Berechnung eines Gewinnzuschlags

Der Zuschlag für den Gewinn soll einen Ausgleich für das allgemeine Unternehmerrisiko liefern. Für die Höhe des Zuschlagssatzes gibt es keine allgemeingültige Regel. Bei Produkten, die einen vergleichbaren Marktpreis haben, sind dem Unternehmer sehr enge Grenzen gesetzt. Der Gewinnzuschlag erhöht den Angebotspreis und dieser steht meist in direktem Vergleich mit der Konkurrenz. Daher muss der Gewinnzuschlag mit „Fingerspitzengefühl" und im Vergleich mit der Konkurrenz eingeplant werden. Ein im Vergleich zu hoher Angebotspreis führt meist zu einer nachträglichen Reduzierung des geplanten Gewinnzuschlages. Der Gewinnzuschlag erfolgt in einem Prozentsatz von den Selbstkosten und wird zu diesen addiert. Das Ergebnis ist der Barverkaufspreis.

7. Kundenskonto[1]

Ein Skonto ist eine Maßnahme der Konditionenpolitik. Der Kunde kann die Rechnung unter Abzug des vereinbarten Skontos begleichen, sofern er die dafür vorgesehene Frist einhält. Damit ein Skontoabzug nicht zulasten des eingeplanten Gewinns erfolgt, muss man den Skonto in die Kalkulation einplanen. Dazu schlägt man ihn auf den Barverkaufspreis auf. Die Berechnung erfolgt jedoch vom Zielverkaufspreis, da der Kunde den Skonto von diesem Preis abzieht und nicht vom Barverkaufspreis. Der Skonto wird also durch eine „im Hundertrechnung" auf den Barverkaufspreis aufgeschlagen.

8. Vertreterprovision

Wenn Unternehmen mit Vertretern zusammenarbeiten, erhalten diese für ihre Umsätze eine Provision. Die Provision wird, genau wie der Skonto, vom Zielverkaufspreis berechnet. Damit die Provisionszahlung nicht zulasten des eingeplanten Gewinns erfolgt, muss man auch sie in der Kalkulation als Zuschlag auf den Barverkaufspreis einplanen. Die Berechnung erfolgt ebenfalls vom Zielverkaufspreis. Auch die Vertreterprovision wird durch eine „im Hundertrechnung" auf den Barverkaufspreis aufgeschlagen.

Kommen Vertreterprovision und Skonto zusammen vor, müssen Sie die Prozentsätze addieren und anschließend die Provision und den Skonto getrennt berechnen.

9. Kundenrabatt

Rabatte sind ebenfalls ein Instrument in der Konditionenpolitik und in vielen Fällen branchenüblich. Auch für den Rabatt gilt: Soll seine Ausnutzung nicht zulasten des geplanten Gewinns gehen, muss er in der Kalkulation eingeplant werden. Da der Kunde zuerst den „Sofortrabatt" abzieht, schlägt man ihn nach dem Skonto auf den Zielverkaufspreis auf. Die Berechnung erfolgt ebenfalls durch eine „im Hundertrechnung", in diesem Fall jedoch vom Listenverkaufspreis.

10. Rückwärtskalkulation

Wenn der Listenverkaufspreis für ein Produkt aufgrund der vorhandenen Markt- bzw. Konkurrenzsituation nicht selbst aktiv gestaltet werden kann, sondern gewissermaßen vorgegeben ist, kann die Rückwärtskalkulation angewandt werden[2]. Dabei geht man von einem vorgegeben Listenverkaufspreis aus und ermittelt den erforderlichen Wert der Materialeinzelkosten. Das Ziel ist es, die eingeplanten Zuschlagssätze für die Gemeinkosten zu erhalten. Dies ist nur möglich, wenn der Einkaufspreis für Materialien gesenkt werden kann.

Hierzu geht man vom Listenverkaufspreis aus und rechnet mit den gegebenen Zuschlagssätzen zurück zu den Materialeinzelkosten, die höchstens gezahlt werden dürfen. Diese Kalkulationsmethode bezeichnet man auch als retrograde Kalkulation.

---

1 Die finanzwirtschaftliche Auswirkung einer Skontierung bzw. deren Verzicht, können Sie im Trainingsmodul KSK 2 „Beschaffungsprozesse steuern und kontrollieren" nachlesen.

2 Eine andere Möglichkeit stellt die Zielkostenrechnung (target costing) dar, auf deren Darstellung jedoch hier nicht eingegangen wird.

11. Differenzkalkulation

Diese Methode kann ebenfalls eingesetzt werden, wenn der der Listenverkaufspreis für ein Produkt aufgrund der vorhandenen Markt- bzw. Konkurrenzsituation nicht selbst aktiv gestaltet werden kann. Im Gegensatz zur Rückwärtskalkulation ist hier jedoch der Umstand gegeben, dass auch die Einkaufspreise für Materialien nicht beeinflusst bzw. nicht mehr gesenkt werden können. Soll das Produkt im Programm bleiben, bleibt nur die Möglichkeit, den geplanten Gewinnzuschlag zu senken. Hierzu geht man vom Listenverkaufspreis aus und rechnet mit den Prozentsätzen für Rabatt, Skonto und evtl. Vertreterprovision zurück zum Barverkaufspreis. Die Differenz zwischen den unveränderten Selbstkosten und dem neu ermittelten Barverkaufspreis ist der Gewinn in Euro. Jetzt können Sie mittels der Prozentrechnung den neuen Zuschlagssatz für den Gewinn ermitteln. Setzen Sie dabei die Selbstkosten als 100 % und den Gewinn als x % an.

Was erwartet mich in der Prüfung?

Sie müssen davon ausgehen, dass Sie das Kalkulationsschema für eigene Erzeugnisse und das Schema für Handelswaren aufstellen bzw. die Preise ermitteln müssen. Unabdingbar ist dabei, dass Sie auf die besondere Form der Berechnung von Kundenskonto, Vertreterprovision und Kundenrabatt achten. Vorgegebene Marktpreise sind etwas ganz Normales – deshalb müssen Sie davon ausgehen, dass man die Berechnung des verbleibenden Gewinns bzw. des notwendigen Bezugspreises bei einer Senkung des kalkulierten Verkaufspreises verlangt. Die Ermittlung von Gesamtzuschlägen wie Kalkulationszuschlag, Handelsspanne oder Kalkulationsfaktor wird immer dann gefordert, wenn die Kalkulation von Handelswaren vorkommt.

1. Das Lernlabyrinth

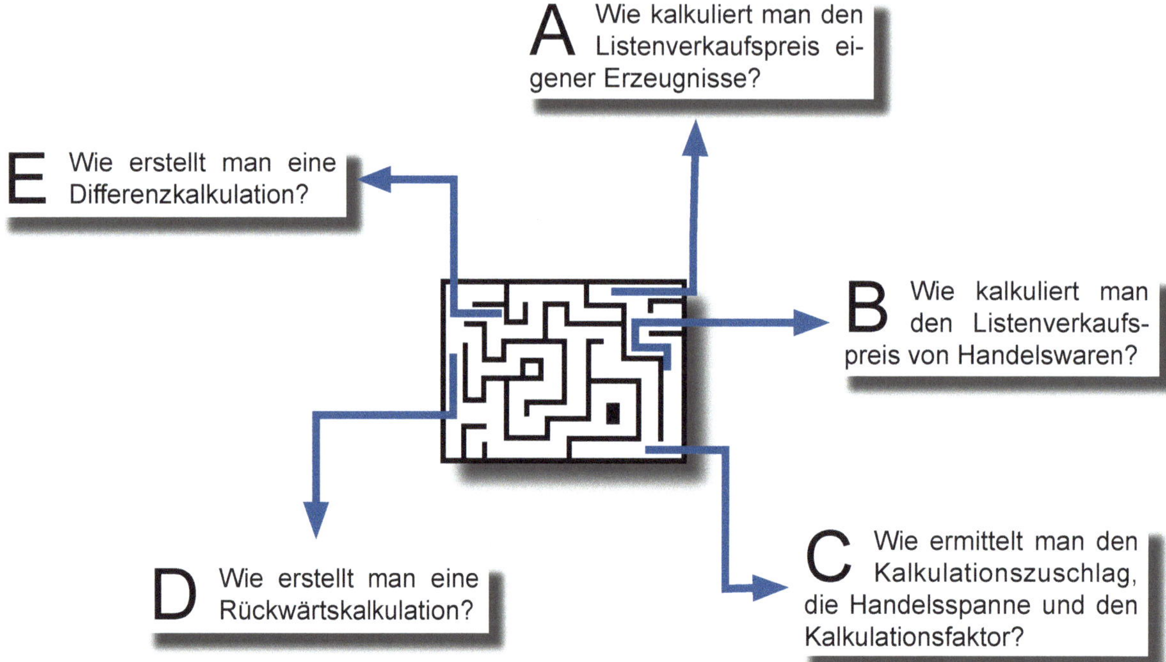

2. Wege aus dem Labyrinth

Die Kalkulation erfolgt nach einem einheitlichen Schema, das Sie unbedingt einhalten müssen.

Gemeinkosten werden immer mit einem bestimmten Prozentsatz von den entsprechenden Einzelkosten berechnet.

Die Einzelkosten bilden dabei immer 100 %.

Die Zuschlagssätze für die Gemeinkosten werden im Betriebsabrechnungsbogen (BAB) ermittelt.

Im Bereich der Fertigungskosten können Sondereinzelkosten anfallen. Das sind z. B. Kosten für die Erstellung eines Modells.

Im Bereich des Vertriebs können auch Sondereinzelkosten anfallen. Das sind z. B. Kosten für eine bestimmte Marketingmaßnahme, die nur in diesem Fall stattfindet.

Vertreterprovision und Kundenskonto werden „im Hundert" vom Barverkaufspreis berechnet.

Vertreterprovision kann auch ohne Kundenskonto und Kundenskonto kann auch ohne Vertreterprovision vorhanden sein.

Gehen Sie bei der Berechnung des Kundenskontos und der Vertreterprovision folgendermaßen vor:

Kundenskonto ohne Vertreterprovision

1. Subtrahieren Sie den Prozentsatz des Skontos von 100.
2. Dividieren Sie den Barverkaufspreis durch das Ergebnis aus dem 1. Schritt.
3. Multiplizieren Sie das Ergebnis aus dem 2. Schritt mit dem Skontosatz.

Vertreterprovision ohne Kundenskonto

1. Subtrahieren Sie den Prozentsatz der Provision von 100.
2. Dividieren Sie den Barverkaufspreis durch das Ergebnis aus dem 1. Schritt.
3. Multiplizieren Sie das Ergebnis aus dem 2. Schritt mit dem Prozentsatz der Vertreterprovision.

Kundenskonto und Vertreterprovision

1. Addieren Sie die Prozentsätze der Provision und des Skontos.
2. Subtrahieren Sie den Prozentsatz des Skontos von 100.
3. Dividieren Sie den Barverkaufspreis durch das Ergebnis aus dem 1. Schritt.
4. Multiplizieren Sie das Ergebnis aus dem 3. Schritt mit dem Prozentsatz der Vertreterprovision. Das Ergebnis ist die Vertreterprovision.
5. Multiplizieren Sie das Ergebnis aus dem 3. Schritt mit dem Prozentsatz des Skontos. Das Ergebnis ist der Skontobetrag.

A Wie kalkuliert man den Listenverkaufspreis eigener Erzeugnisse?

Kalkulation einer Haustür mit hohem Sicherheitsstandard:

Kalkulationsschema			Berechnung
Material-Einzelkosten	280,00 €		
+ 10 % Material-Gemeinkosten	28,00 €		(280,00 : 100 · 10)
Materialkosten		308,00 €	
Fertigungslöhne	90,00 €		
+ 110 % Fertigungsgemeinkosten	99,00 €		(90 : 100 · 110)
+ Sondereinzelkosten der Fertigung	0,00 €		
Fertigungskosten		189,00 €	

	Herstellkosten	497,00 €	(308,00 + 189,00)
+	15 % Verwaltungsgemeinkosten	74,55 €	(497,00 : 100 · 15)
+	5 % Vertriebsgemeinkosten	24,85 €	(497,00 : 100 · 5)
+	Sondereinzelkosten des Vertriebs	0,00 €	
	Selbstkosten	596,40 €	
+	18 % Gewinnzuschlag	107,35 €	(596,40 : 100 · 18)
	Barverkaufspreis	703,75 €	
+	6 % Vertreterprovision	45,90 €	(703,75 : 92 · 6)
+	2 % Kundenskonto	15,30 €	(703,75 : 92 · 2)
	Zielverkaufspreis	764,95 €	
+	15 % Kundenrabatt	134,99 €	(764,95 : 85 · 15)
	Listenverkaufspreis (netto)	**899,94 €**	

Im Bereich der Fertigungskosten können Sondereinzelkosten anfallen. Das sind z. B. Kosten für die Erstellung eines Modells.

Im Bereich des Vertriebs können auch Sondereinzelkosten anfallen. Das sind z. B. Kosten für eine bestimmte Marketingmaßnahme, die nur in diesem Fall stattfindet.

B Wie kalkuliert man den Listenverkaufspreis von Handelswaren?

Kalkulation von Standardfenstern mit Kunststoffrahmen pro Stück:

	Bezugspreis (Einstandspreis)	40,00 €	
+	15 % Handlungskostenzuschlag	6,00 €	(40,00 : 100 · 15)
	Selbstkosten	46,00 €	
+	20 % Gewinnzuschlag	9,20 €	(46,00 : 100 · 20)
	Barverkaufspreis	55,20 €	
+	2 % Kundenskonto	1,13 €	(55,20 : 98 · 2)
	Zielverkaufspreis	56,33 €	
+	10 % Kundenrabatt	6,26 €	(56,33 : 90 · 10)
	Listenverkaufspreis (netto)	**62,59 €**	

Berechnung des Handlungskostenzuschlagssatzes:

Berechnung pro Stück

Die Handlungskosten pro Stück betragen lt. Betriebsabrechnungsbogen (BAB) 6 €.

$$\text{HKZ} = \frac{\text{Handlungskosten} \cdot 100}{\text{Bezugspreis}} \qquad \frac{6{,}00 \cdot 100}{40{,}00} = 15\ \%$$

Berechnung für den gesamten Wareneinsatz

Die gesamten Handlungskosten betragen lt. Betriebsabrechnungsbogen (BAB) 22.500 €. Der Wareneinsatz beträgt 150.000 €.

$$\text{HKZ} = \frac{\text{Handlungskosten} \cdot 100}{\text{Wareneinsatz}} \qquad \frac{22.500{,}00 \cdot 100}{150.000{,}00} = 15\ \%$$

C Wie ermittelt man den Kalkulationszuschlag, die Handelsspanne und den Kalkulationsfaktor?

Kalkulationszuschlag

	Bezugspreis (Einstandspreis)	40,00 €
+	15 % Handlungskostenzuschlag	6,00 €
	Selbstkosten	46,00 €
+	20 % Gewinnzuschlag	9,20 €
	Barverkaufspreis	55,20 €
+	6 % Vertreterprovision	0,00 €
+	2 % Kundenskonto	1,13 €
	Zielverkaufspreis	56,33 €
+	10 % Kundenrabatt	6,26 €
	Listenverkaufspreis (netto)	**62,59 €**

	Listenverkaufspreis	62,59 €
-	Bezugspreis	**40,00 € = 100 %**
=	Differenz	**22,59 € = x %**

Aus diesem Ansatz ergibt sich die Formel: $\frac{\text{(LVK-Preis - Bezugspreis)} \cdot 100}{\text{Bezugspreis}}$

$$\text{Kalkulationszuschlag} = \frac{22{,}59 \cdot 100}{40{,}00} = \mathbf{56{,}48\ \%}$$

Kontrollieren Sie Ihr Ergebnis:

Dazu müssen Sie nur 56,48 % vom Bezugspreis ausrechnen und zu diesem addieren. Das Ergebnis muss der Listenverkaufspreis sein.

Handelsspanne

	Bezugspreis (Einstandspreis)	40,00 €
+	15 % Handlungskostenzuschlag	6,00 €
	Selbstkosten	46,00 €
+	20 % Gewinnzuschlag	9,20 €
	Barverkaufspreis	55,20 €
+	0 % Vertreterprovision	0,00 €
+	2 % Kundenskonto	1,13 €
	Zielverkaufspreis	56,33 €
+	10 % Kundenrabatt	6,26 €
	Listenverkaufspreis (netto)	**62,59 €**

	Listenverkaufspreis	**62,59 € = 100 %**
-	Bezugspreis	40,00 €
=	Differenz	**22,59 € = x %**

Aus diesem Ansatz ergibt sich die Formel: $\frac{\text{(LVK-Preis - Bezugspreis)} \cdot 100}{\text{Listenverkaufspreis}}$

$$\text{Handelsspanne} = \frac{22{,}59 \cdot 100}{62{,}59} = \mathbf{36{,}09\ \%}$$

Kontrollieren Sie Ihr Ergebnis:

Dazu müssen Sie nur 36,09 % vom Listenverkaufspreis ausrechnen und von diesem subtrahieren. Das Ergebnis muss der Bezugspreis sein.

Kalkulationsfaktor

Der Kalkulationsfaktor ist eine andere Möglichkeit, ausgehend vom Bezugspreis in einem Rechengang den Listenverkaufspreis zu ermitteln. Damit ist er eine Alternative zum Kalkulationszuschlag, der den Umweg über die Prozentrechnung erspart.

Zur Berechnung müssen Sie den Listenverkaufspreis in das Verhältnis zum Bezugspreis setzen:

$$\text{Kalkulationsfaktor} = \frac{\text{Listenverkaufspreis}}{\text{Bezugspreis}} = \frac{62{,}59}{40{,}00} = \mathbf{1{,}56475}$$

Kontrollieren Sie Ihr Ergebnis:

Sie müssen nur den Bezugspreis mit 1,56475 multiplizieren und Sie erhalten den Listenverkaufspreis.

Der Kalkulationsfaktor ist keine Prozentzahl; er dient zur Multiplikation.

Seine Angabe erfolgt meist mit mehreren Nachkommastellen, da durch eine Rundung auf zwei Stellen das Ergebnis ungenau werden kann.

Der Kalkulationszuschlag wird auf der Basis des Bezugspreises ermittelt. Er wird in Prozent angegeben. Mit ihm kann man in einem Rechengang, ausgehend vom Bezugspreis, den Listenverkaufspreis ermitteln.

Der Kalkulationsfaktor wird ebenfalls auf der Basis des Bezugspreises ermittelt. Er stellt jedoch keine Prozentzahl dar. Auch mit ihm kann in einem Rechengang, ausgehend vom Bezugspreis, der Listenverkaufspreis ermittelt werden, indem man den Bezugspreis mit dem Faktor multipliziert.

Die Handelsspanne wird auf der Basis des Listenverkaufspreises ermittelt. Sie wird in Prozent angegeben. Mit ihr kann man in einem Rechengang, ausgehend vom Listenverkaufspreis, den Bezugspreis ermitteln.

Kalkulationszuschlag, Kalkulationsfaktor und Handelsspanne sind nur solange gültig, solange die Zuschlagssätze, auf deren Basis die Berechnung erfolgte, nicht verändert werden. Das ist deswegen der Fall, da sie auf der Basis von Bezugspreis oder Listenverkaufspreis ermittelt werden, die ihrerseits von den verwendeten Zuschlagssätzen abhängen. Ändert sich auch nur ein Zuschlagssatz, muss man alle drei Werte neu berechnen.

D Wie erstellt man eine Rückwärtskalkulation?

Aufgrund der Marktsituation darf der Listenverkaufspreis für eine Haustür nicht mehr als 850 € betragen. Die in der Vorwärtskalkulation verwendeten Zuschläge für Gemeinkosten werden beibehalten.

Gehen Sie bei der Berechnung in folgenden Schritten vor:

1. Gehen Sie von dem festgelegten Listenverkaufspreis aus und rechnen Sie den Kundenrabatt aus. Bei der Rückwärtsrechnung müssen Sie in diesem Fall „vom Hundert“ rechnen, d. h. der Listenverkaufspreis stellt 100 % dar. Subtrahieren Sie den Kundenrabatt in Euro vom Listenverkaufspreis, dann erhalten Sie den Zielverkaufspreis.
2. Gehen Sie von dem jetzt ermittelten Zielverkaufspreis aus und rechnen Sie den Kundenskonto und, wenn vorhanden, die Vertreterprovision, aus. Bei der Rückwärtsrechnung müssen Sie in diesem Fall auch „vom Hundert“ rechnen, d. h. der Zielverkaufspreis stellt für beide Zuschläge 100 % dar. Subtrahieren Sie den Kundenskonto und die Vertreterprovision in Euro vom Zielverkaufspreis, dann erhalten Sie den Barverkaufspreis.
3. Gehen Sie von dem jetzt ermittelten Barverkaufspreis aus und rechnen Sie den Gewinnzuschlag aus. Bei der Rückwärtsrechnung müssen Sie beachten, dass der Barverkaufspreis den erhöhten Grundwert darstellt, d. h. 100 % + Gewinnzuschlag in Prozent. Subtrahieren Sie den Gewinnzuschlag in Euro vom Barverkaufspreis, dann erhalten Sie die Selbstkosten.
4. Gehen Sie von den jetzt ermittelten Selbstkosten aus und rechnen Sie den Gewinnzuschlag aus. Bei der Rückwärtsrechnung müssen Sie beachten, dass die Selbstkosten den erhöhten Grundwert darstellen, d. h. 100 % + Summe der Gemeinkosten für Verwaltung und Vertrieb in Prozent. Die Beträge für die Gemeinkosten für Verwaltung und Vertrieb müssen Sie getrennt berechnen. Subtrahieren Sie die Summe der beiden Zuschläge von den Selbstkosten, dann erhalten Sie die Herstellkosten.
5. Die gesamten Fertigungskosten bleiben unverändert erhalten, da die Fertigungslöhne vorgegeben sind und sich die Fertigungsgemeinkosten auf diese Fertigungslöhne beziehen. Subtrahieren Sie deshalb die Fertigungskosten in Euro von den Herstellkosten, dann erhalten Sie die Materialkosten.
6. In diesem letzten Schritt ermitteln Sie zunächst die neuen Materialgemeinkosten. Sie müssen wieder beachten, dass die Materialkosten den erhöhten Grundwert darstellen, d. h. 100 % + Zuschlag für Materialgemeinkosten in Prozent. Subtrahieren Sie die Materialgemeinkosen von den Materialkosten und Sie erhalten den Preis für das Material, den Sie höchstens aufwenden dürfen, um Ihre geplanten Zuschläge zu realisieren.

Kalkulationsschema			Berechnung
Materialeinzelkosten	254,94 €		(280,43 - 25,49)
+ 10 % Materialgemeinkosten	25,49 €		(280,43 : 110 · 10)
Materialkosten		280,43 €	(469,43 - 189,00 = 110 %)
Fertigungslöhne	90,00 €		
+ 110 % Fertigungsgemeinkosten	99,00 €		(90 : 100 · 110)
+ Sondereinzelkosten der Fertigung	0,00 €		
Fertigungskosten		189,00 €	
Herstellkosten		469,43 €	
+ 15 % Verwaltungsgemeinkosten		70,41 €	(563,31 : 120 · 15)
+ 5 % Vertriebsgemeinkosten		23,47 €	(563,31 : 120 · 5)
+ Sondereinzelkosten des Vertriebs		0,00 €	
Selbstkosten		563,31 €	(= 120 %)
+ 18 % Gewinnzuschlag		101,39 €	(664,70 : 118 · 18)
Barverkaufspreis		664,70 €	(= 118 %)
+ 6 % Vertreterprovision		43,35 €	(722,50 : 100 · 6)
+ 2 % Kundenskonto		14,45 €	(722,50 : 100 · 2)
Zielverkaufspreis		722,50 €	(= 100 %)
+ 15 % Kundenrabatt		127,50 €	(850,00 : 100 · 15)
Listenverkaufspreis (netto)		**850,00 €**	**= vorgegebener Preis (= 100 %)**

Diese Materialkosten ergeben sich durch die ursprüngliche Kalkulation:

Materialeinzelkosten	280,00 €
+ 10 % Materialgemeinkosten	28,00 €
Materialkosten	**308,00 €**

Diese Materialkosten ergeben sich durch Rückwärtskalkulation aufgrund des herabgesetzten Listenverkaufspreises:

Materialeinzelkosten	254,94 €
+ 10 % Materialgemeinkosten	25,94 €
Materialkosten	**280,43 €**

Das ist das Ergebnis dieser „Aktion“:

Materialeinzelkosten ursprünglich	280,00 €
Materialeinzelkosten verändert	254,94 €
Notwendige Verringerung	**25,06 €**

Wenn Sie die Verringerung in Prozent ausdrücken wollen, müssen Sie die ursprünglichen Materialeinzelkosten mit 100 % und die Verringerung mit x % ansetzen.

$$\text{Verringerung: } \frac{25{,}06 \cdot 100}{280{,}00} = \mathbf{8{,}95\ \%}$$

Wie kann man dieses Ziel ohne Qualitätseinbußen erreichen?

- Man muss mit dem Lieferanten Verhandlungen über Preise führen.
- Man kann versuchen, die Materialien von anderen Lieferanten zu beziehen.

Kontrollieren Sie Ihr Ergebnis durch eine erneute Vorwärtskalkulation.

Wenn Sondereinzelkosten der Fertigung oder/und des Vertriebs vorhanden sind, müssen Sie bei der Berechnung etwas anders vorgehen.

Beispiel mit Sondereinzelkosten der Fertigung und des Vertriebs

Vorwärtskalkulation

	Materialeinzelkosten	280,00 €		
+	10 % Materialgemeinkosten	28,00 €		(280,00 : 100 · 10)
	Materialkosten		308,00 €	
	Fertigungslöhne	90,00 €		
+	110 % Fertigungsgemeinkosten	99,00 €		(90,00 : 100 · 110)
+	*Sondereinzelkosten der Fertigung*	*10,00 €*		
	Fertigungskosten		199,00 €	
	Herstellkosten		507,00 €	(308,00 + 199,00)
+	15 % Verwaltungsgemeinkosten		76,05 €	(507,00 : 100 · 15)
+	5 % Vertriebsgemeinkosten		25,35 €	(507,00 : 100 · 5)
+	*Sondereinzelkosten des Vertriebs*		*20,00 €*	
	Selbstkosten		**628,40 €**	
+	18 % Gewinnzuschlag		113,11 €	(628,40 : 100 · 18)
	Barverkaufspreis		741,51 €	
+	6 % Vertreterprovision		48,36 €	(741,51 : 92 · 6)
+	2 % Kundenskonto		16,12 €	(741,51 : 92 · 2)
	Zielverkaufspreis		805,99 €	
+	15 % Kundenrabatt		142,23 €	(805,99 : 85 · 15)
	Listenverkaufspreis (netto)		**948,22 €**	

Rückwärtskalkulation

Bis zu den Selbstkosten erfolgt die Rückwärtskalkulation genauso wie im Fall ohne Sondereinzelkosten.

Bei den Herstellkosten müssen Sie aber erst eine Zwischensumme bilden. Sie bildet dann die Grundlage für die Ermittlung der Verwaltungs- und Vertriebsgemeinkosten.

Bei den Sondereinzelkosten der Fertigung ist dies nicht notwendig, da die Fertigungskosten bei der Rückwärtsrechnung unverändert übernommen werden.

	Materialeinzelkosten	230,69 €		(253,76 - 23,07)
+	10 % Materialgemeinkosten	23,07 €		(253,76 : 110 · 10)
	Materialkosten		253,76 €	(452,76 - 199,00 = 110 %)
	Fertigungslöhne	90,00 €		
+	110 % Fertigungsgemeinkosten	99,00 €		(90,00 : 100 · 110)
+	*Sondereinzelkosten der Fertigung*	*10,00 €*		
	Fertigungskosten		199,00 €	
	Herstellkosten		452,76 €	
+	15 % Verwaltungsgemeinkosten		67,91 €	(543,31 : 120 · 15)
+	5 % Vertriebsgemeinkosten		22,64 €	(543,31 : 120 · 5)
	Zwischensumme		543,31 €	(= 120 %)
+	*Sondereinzelkosten des Vertriebs*		*20,00 €*	
	Selbstkosten		563,31 €	
+	18 % Gewinnzuschlag		101,39 €	(664,70 : 118 · 18)
	Barverkaufspreis		664,70 €	(= 118 %)
+	6 % Vertreterprovision		43,35 €	(722,50 : 100 · 6)
+	2 % Kundenskonto		14,45 €	(722,50 : 100 · 2)
	Zielverkaufspreis		722,50 €	(= 100 %)
+	15 % Kundenrabatt		127,50 €	(850,00 : 100 · 15)
	Listenverkaufspreis (netto)		**850,00 €**	**= vorgegebener Preis (= 100 %)**

In diesem Fall sieht das Ergebnis so aus:

Materialeinzelkosten ursprünglich	280,00 €
Materialeinzelkosten verändert	230,69 €
Notwendige Verringerung	**49,31 €**

Verringerung in Prozent: $\frac{49{,}31 \cdot 100}{280{,}00}$ = **17,61 %**

Kontrollieren Sie Ihr Ergebnis durch eine erneute Vorwärtskalkulation.

E Wie erstellt man eine Differenzkalkulation?

Die Ausgangslage ist zunächst dieselbe wie bei der Rückwärtskalkulation. Aufgrund der Marktsituation darf der Listenverkaufspreis eines Beispielproduktes nicht mehr als 850 € betragen. Man will die in der Vorwärtskalkulation verwendeten Zuschläge für Gemeinkosten weitgehend beibehalten, kann aber den Einkaufspreis für das Fertigungsmaterial nicht aktiv beeinflussen. Wenn es nicht gelingt, die Fertigungslöhne und die Gemeinkosten zu senken und wenn es aus absatzpolitischen Gründen nicht möglich ist, Skonto und Rabatt zu senken, bleibt nur noch die Senkung des eingeplanten Gewinnzuschlags.

Gehen Sie bei der Berechnung in folgenden Schritten vor:

1. Gehen Sie von dem festgelegten Listenverkaufspreis aus und rechnen Sie den Kundenrabatt aus. Bei der Rückwärtsrechnung müssen Sie in diesem Fall „vom Hundert" rechnen, d. h. der Listenverkaufspreis stellt 100 % dar. Subtrahieren Sie den Kundenrabatt in Euro vom Listenverkaufspreis, dann erhalten Sie den Zielverkaufspreis.

2. Gehen Sie von dem jetzt ermittelten Zielverkaufspreis aus und rechnen Sie den Kundenskonto und, wenn vorhanden, die Vertreterprovision, aus. Bei der Rückwärtsrechnung müssen Sie in diesem Fall auch „vom Hundert" rechnen, d. h. der Zielverkaufspreis stellt für beide Zuschläge 100 % dar. Subtrahieren Sie den Kundenskonto und die Vertreterprovision in Euro vom Zielverkaufspreis, dann erhalten Sie den Barverkaufspreis.

3. Ermitteln Sie jetzt den Gewinn in Euro. Dazu subtrahieren Sie die Selbstkosten vom Barverkaufspreis. Setzen Sie jetzt die Selbstkosten mit 100 % gleich und den Gewinn mit x %. Das Ergebnis ist der reduzierte Gewinnzuschlag in Prozent.

Die ersten beiden Schritte sind völlig gleich mit dem Vorgehen bei der Rückwärtskalkulation. Die Rechenschritte 4., 5. und 6. der Rückwärtskalkulation brauchen Sie nicht, da Ihre Rückrechnung beim Barverkaufspreis endet.

	Materialeinzelkosten	280,00 €		
+	10 % Materialgemeinkosten	28,00 €		(280,00 : 100 · 10)
	Materialkosten		308,00 €	
	Fertigungslöhne	90,00 €		
+	110 % Fertigungsgemeinkosten	99,00 €		(90,00 : 100 · 110)
+	Sondereinzelkosten der Fertigung	0,00 €		
Fertigungskosten			189,00 €	
	Herstellkosten		497,00 €	(308,00 + 189,00)
+	15 % Verwaltungsgemeinkosten		74,55 €	(497,00 : 100 · 15)
+	5 % Vertriebsgemeinkosten		24,85 €	(497,00 : 100 · 5)
+	Sondereinzelkosten des Vertriebs		0,00 €	
	Selbstkosten		596,40 €	
+	Gewinn(zuschlag)		68,30 €	(664,70 - 596,40)
	Barverkaufspreis		664,70 €	
+	6 % Vertreterprovision		43,35 €	(722,50 : 100 · 6)
+	2 % Kundenskonto		14,45 €	(722,50 : 100 · 2)
	Zielverkaufspreis		722,50 €	
+	15 % Kundenrabatt		127,50 €	(850,00 : 100 · 15)
	Listenverkaufspreis (netto)		**850,00 €**	**= vorgegebener Preis**

Ermitteln Sie den Gewinnzuschlag in Prozent:

Selbstkosten	= 100 %	596,40 €	= 100 %
Gewinnzuschlag	= x %	68,30 €	= x %

$$\text{Gewinnzuschlag} = \frac{68{,}30 \cdot 100}{596{,}40} = \mathbf{11{,}45\ \%}$$

	geplanter Gewinnzuschlag	18,00 %
-	reduzierter Gewinnzuschlag	11,45 %
	Reduzierung	**6,55 %**

Was bedeutet diese Reduzierung für ein Unternehmen?

Wenn das Unternehmen diese Situation so akzeptieren muss und auf das Produkt im Produktionsprogramm nicht verzichten will, gibt es nur drei Möglichkeiten:

1. Die Gewinneinbuße muss hinsichtlich ihrer Auswirkung auf das Gesamtergebnis analysiert werden. Wenn man die Einbuße in diesem Fall vertreten kann, ist das in Ordnung.

2. Wenn man die Einbuße nicht vertreten kann, muss das Produkt aus dem Programm gestrichen werden oder man versucht, das Produkt „fremd“ zu beziehen und als Handelsware zu verkaufen.

3. Mittelfristig wird man versuchen, die Gemeinkosten zu reduzieren, um die Selbstkosten zu senken und dadurch den Gewinn zu erhöhen.

Anmerkung

Bei Handelswaren erfolgen die Rückwärtskalkulation und die Differenzkalkulation in derselben Art und Weise.

Das Rechenvorzeichen „+“ wurde auch bei der Rückwärts- und Differenzkalkulation beibehalten, um die grundsätzliche Darstellung des Kalkulationsschemas nicht zu verändern.

So trainiere ich für die Prüfung

Aufgaben

1. Wissensfragen

Hinweis: Bearbeiten Sie die Aufgaben 1. - 9. aus der Sichtweise der WERASKO GmbH.

1.

Sie sind kaufmännischer Mitarbeiter der WERASKO GmbH. Ihr Unternehmen fertigt spezielle Trägersysteme für Wohnmobile und Pkw.

Ihnen liegt die Ausgangsrechnung Nr. 23789 über 100 Dachträgersysteme Typ 89 AL1 an die Verdes Autozubehörhandel GmbH (Debitorennummer 24002, Kontonummer 20002) vor. Der Angebotspreis beträgt 123,50 € netto. Der Kunde erhält einen Skonto von 2 % bei Rechnungsausgleich innerhalb von 10 Tagen. Nach 30 Tagen ist die Rechnung ohne Abzug auszugleichen.

Buchen Sie den Rechnungsausgang.

2.

Für den amerikanischen Markt wurde ein spezielles Heckträgersystem für große Wohnmobile konstruiert. Für die Verkaufspreisermittlung stehen folgende Werte zur Verfügung:

Materialeinzelkosten: 51 €
Gemeinkostenzuschlag Material: 45 %
Fertigungslöhne inklusive der anteiligen Fertigungsgemeinkosten: 37 € je Stunde
Fertigungszeit je Stück: 2,0 Stunden
Verwaltungs- und Vertriebsgemeinkostenzuschlag: 12 %
Gewinnzuschlagssatz: 30 %
Kundenrabatt: 3,45 %
Skonto: 3 %.

Der Artikel wird unter der Artikelnummer Typ 90 AL8 angeboten.

Ermitteln Sie den Angebotspreis netto für ein Stück.

3.

Die Verdes Autozubehörhandel GmbH reklamiert nach 3 Tagen 1 Dachträgersystem Typ 89 AL1 wegen eines berechtigten Mangels aus der Lieferung Rechnung Nr. 23789. Das reklamierte Teil geht bei der WERASKO GmbH ein.

Der Kunde erhält eine Gutschrift zur Verrechnung. Buchen Sie die Korrektur.

4.

Der Autozubehörhandel Carsten Freimann KG stellt eine Bestellung von 250 Trägersystemen des Typs 89 AL1 in Aussicht. Er verlangt jedoch einen Zielverkaufspreis inklusive 2 % Skonto von 119,75 € netto. Die Selbstkosten betragen lt. Kalkulation 98,82 €, der Gewinnzuschlagssatz beträgt 25 %.

Um wie viel Prozentpunkte muss der Gewinnaufschlag reduziert werden, wenn man bei der WERASKO GmbH auf diese Forderung eingehen würde?

5.

Angenommen, man würde bei der WERASKO GmbH unter der Bedingung weiterer Bestellungen durch die Freimann KG auf die Preisforderung (siehe Aufgabe 4.) eingehen und die Differenz von 3,75 € je Stück durch einen Rabatt auffangen, um den ursprünglichen Angebotspreis von netto 123,50 € (siehe Aufgabe 1.) nicht zu verändern. Ermitteln Sie den Rabatt in Prozent, der dazu notwendig wäre.

6.

Am 01.07.20.. wurde ein Kunde, die Autohaus Rhön OHG, (Ausgangsrechnung Nr. 22599) bereits zum zweiten Mal gemahnt. Der Rechnungseingang ist bis heute (17.07.20..) noch nicht erfolgt. Die Rechnung war am 10.06.20.. fällig. Der Rechnungsbetrag lautete auf 6.790 €.

Ermitteln Sie Verzugszinsen in Euro mithilfe des § 288 BGB. Welcher Buchungssatz ist in diesem Zusammenhang notwendig?

§ 288 BGB Verzugszinsen

(1) Eine Geldschuld ist während des Verzugs zu verzinsen. Der Verzugszinssatz beträgt für das Jahr fünf Prozentpunkte über dem Basiszinssatz.

(2) Bei Rechtsgeschäften, an denen ein Verbraucher nicht beteiligt ist, beträgt der Zinssatz für Entgeltforderungen neun Prozentpunkte über dem Basiszinssatz.

(3) Der Gläubiger kann aus einem anderen Rechtsgrund höhere Zinsen verlangen.

(4) Die Geltendmachung eines weiteren Schadens ist nicht ausgeschlossen.

Hinweis: Die Deutsche Bundesbank legt zweimal im Jahr (01.01. und 01.07.) den aktuellen Basiszins fest. Gehen Sie von einem Basiszins in Höhe von 2,70 % aus. Wenden Sie die 30/360 Zinsmethode an!

7.

Am 18.07.20.. begleicht die Autohaus Rhön OHG (Debitorennummer 24038) die Rechnung 22599 sowie die in Rechnung gestellten Verzugszinsen. Der Zahlungseingang erfolgt auf dem Konto der WERASKO GmbH bei der Postbank Stuttgart (Nr. 28006).

8.

Die WERASKO GmbH hat unter anderem die Wahl zwischen dem Einsatz eines Reisenden und eines Handelsvertreters. Folgende Kosten sind bekannt:

Reisender: 800 € Grundgehalt, 6 % Provision vom Umsatz
Handelsvertreter: 8 % Provision vom Umsatz

Von welchem Umsatz an verursacht der Einsatz des Reisenden für die WERASKO GmbH weniger Kosten als der des Handelsvertreters?

9.

Als kaufmännischer Mitarbeiter der WERASKO GmbH bekommen Sie die Aufgabe, folgende Kundenstatistik zu analysieren und aufgrund der gewonnen Erkenntnisse verschiedene Entscheidungen zu treffen.

Umsätze in Tausend € Geschäftsjahr	01	02	03
Kundengruppe I Hersteller von Wohnmobilen	1.005	1.115	1.218
Kundengruppe II Automobilgroßhandel	2.750	2.688	2.580

a) Um wie viel Prozent ist der Umsatz im Geschäftsjahr 03 gegenüber 02 in der Kundengruppe II zurückgegangen?

b) Sehr nachteilig wirken sich auch die schleppend eingehenden Zahlungen der Kundengruppe II aus.

Nach Rücksprache mit der Geschäftsführung bieten Sie den Kunden an:
Bei Zahlung innerhalb von 10 Tagen 3 % Skonto oder 30 Tage netto Kasse.

Wie viel Prozent beträgt die Effektivverzinsung, die die Kunden veranlassen soll, innerhalb der Skontofrist zu zahlen?

c) An welchen Daten können Sie erkennen, ob bei der Kundengruppe I eine Ausweitung des Marktanteils und damit eine Absatzsteigerung möglich ist?

1. an den Veröffentlichungen der Automobilclubs über Unfallursachen
2. an den amtlichen Veröffentlichungen über Neuzulassungen und Exporte von Wohnmobilen
3. an den amtlichen Statistiken über den Export von Personenkraftwagen
4. an den amtlichen Statistiken über den Import von Personenkraftwagen
5. an den von Marktforschungsinstituten ermittelten Daten über die Kostensituation der Mitbewerber.

10.

Die Herzogenauracher Sportartikel AG beschafft gemäß Eingansrechnung 15001 1.000 Paar Fußballschuhe der Marke „Coppa 19.3 TF“ von der Schuhfabrik Gebrüder Dassler GmbH:

Listeneinkaufspreis: 62.000 €
Liefererskonto: 3 %
Liefererrabatt: 12 %.

Die Gebrüder Dassler GmbH stellt der Herzogenauracher Sportartikel AG anteilige Transportkosten von pauschal 1.500 € netto in Rechnung.

Wie hoch ist der Bezugspreis für ein Paar Fußballschuhe der Marke „Coppa 19.3 TF“, wenn die Herzogenauracher Sportartikel AG die Rechnung 15001 unter Abzug von Skonto begleicht?

11.

Buchen Sie die Eingangsrechnung 15001 (siehe Aufgabe 10.) aus der Sicht der Herzogenauracher Sportartikel AG.

12.

Buchen Sie die Rechnung 15001 (siehe Aufgabe 10.) aus der Sicht der Gebrüder Dassler GmbH.

13.

Die Herzogenauracher Sportartikel AG liefert 50 Paar Fußballschuhe „Coppa 19.3 TF“ (siehe Aufgabe 10.) an das Sport Center 2000 in Erlangen.

Folgende Angaben liegen Ihnen vor:

Handlungskostenzuschlagssatz: 50 %
Gewinnzuschlag: 80 %
Kundenskonto: 2 %
Kundenrabatt: 6 %.

Berechnen Sie den Angebotspreis netto für ein Paar Fußballschuhe.

14.

Buchen Sie die Ausgangsrechnung (siehe Aufgabe 13.) aus der Sicht der Herzogenauracher Sportartikel AG. Das Sport Center 2000 wird unter der Debitorennummer 24071 geführt.

15.

Das Sport Center 2000 begleicht die Ausgangsrechnung (siehe Aufgabe 14.) unter Abzug von Skonto auf den Rechnungsbetrag. Der Zahlungseingang erfolgt auf dem Konto bei der Europabank Herzogenaurach (Nr. 28021).

Buchen Sie aus der Sicht der Herzogenauracher Sportartikel AG.

16.

Die Bielefelder Fahrradwerke AG bietet das Mountainbike „Alpina XXL“ zu einem Listenverkaufspreis in Höhe von 2.726,12 € an.

Ihnen liegen folgende Daten aus der Controlling-Abteilung vor:

Kundenskonto: 2 %
Gewinnzuschlag: 20 %
Verwaltungs- und Vertriebsgemeinkosten-Zuschlag: 45 %
Kundenrabatt: 10 %
Fertigungsgemeinkosten: 95,26 €
Fertigungslöhne: 86,60 €
Materialgemeinkosten-Zuschlag: 60 %.

Wie viel Euro beträgt das Fertigungsmaterial?

17.

Wie viel Prozent Gewinn (siehe Aufgabe 16.) kann die Bielefelder Fahrradwerke AG einkalkulieren, wenn die Konkurrenz ein vergleichbares Mountainbike zu einem Listenverkaufspreis in Höhe von 2.650 € anbietet?

18.

Die Mannheimer Metallwarenfabrik GmbH gibt der Maschinenwerke Schwäbisch Hall KG einen Auftrag für die Fertigung einer speziellen Rotationsstanzmaschine.

Die Maschinenwerke Schwäbisch Hall KG kalkuliert den Angebotspreis für die Rotationsstanzmaschine anhand folgender Daten:

Fertigungsmaterial: 23.500 €
Materialgemeinkosten-Zuschlagssatz: 30 %
Fertigungslöhne: 7.000 €
Fertigungsgemeinkosten-Zuschlagssatz: 120 %
Verwaltungsgemeinkosten-Zuschlagssatz: 6 %
Vertriebsgemeinkosten-Zuschlagssatz: 4 %
Kosten für die Konstruktionszeichnung: 780 €
Kosten für die Transportverpackung: 400 €
Gewinnaufschlag: 20 %
Kundenskonto: 3 %
Vertreterprovision: 2 %
Kundenrabatt: 5 %.

Berechnen Sie als Mitarbeiter der Maschinenwerke Schwäbisch Hall KG den Netto-Angebotspreis für die Rotationsstanzmaschine.

19.

Sie arbeiten als Vertriebskaufmann in der Media-Center OHG in Hannover.

Die Media-Center OHG erhält gemäß Eingangsrechnung 004567 von der Metz-Werke Fernsehtechnik GmbH in Zirndorf bei Nürnberg 100 Flachbildfernseher zu einem Bezugspreis pro Stück in Höhe von 520 €.

Ihnen liegen folgende Zahlen aus der Controlling-Abteilung der Media-Center OHG vor:
Kundenskonto: 3 %
Kundenrabatt: 5 %
Gewinnaufschlag: 14 %.

Die Media-Center OHG liefert 20 Fernsehgeräte gemäß Ausgangsrechnung 12534 zu einem Brutto-Verkaufspreis von 22.200,20 € an den Einzelhändler Radio Schulz e. K. in Hameln.

Mit welchem prozentualen Handlungskosten-Zuschlagssatz hat die Media-Center OHG kalkuliert?

20.

Welche Kosten werden durch den Ansatz des Handlungskosten-Zuschlagssatzes in der Verkaufskalkulation der Media-Center OHG „gedeckt“?

2. Fallsituationen

2.1 Fall 1

Sie sind Mitarbeiter des Fahrradlädchens Holger Katschube. Ihnen liegt die Eingangsrechnung 00223344 vor:

Fahrradwerke Weserbergland AG

Fahrradwerke Weserbergland AG, Ithstraße 12 - 14, 31750 Hameln

Das Fahrradlädchen
Inhaber Holger Kaschube
Hupenstraße 4
20456 St. Pauli

Ihr Zeichen, Ihre Nachricht vom	Unser Zeichen	Tel. 05151-885-77	Datum
14.04.20..	St	Frau Strasser	16.04.20..

Rechnung Nr. 00223344

Artikelbezeichnung	Art.-Nr.	Menge	Einheit	Einzelpreis in €	Gesamtpreis in €
Trinkflaschen	789	100	1 Stück	8,00	800,00
Satteltaschen	820	40	1 Stück	52,00	2.080,00
- 7 % Rabatt					201,60
					2.678,40
Kinderfahrrad „Benny“	1234	70	1 Stück	140,00	9.800,00
- 12 % Rabatt					1.176,00
					8.624,00
Transportkosten				pauschal	500,00
					11.802,40
19 % Umsatzsteuer					2.242,46
					14.044,86

Die Leistung wurde am 16.04.20.. erbracht. Die Rechnung ist innerhalb von 8 Tagen mit 3 % Skonto vom Rechnungsbetrag oder spätestens nach 30 Tagen rein netto zahlbar.

Die Ware bleibt bis zur vollständigen Bezahlung unser Eigentum.

Gerichtsstand ist Hameln.

Vorstand
Anne Strasser
Klaus Strasser

HR Hameln
B 2134

Bankverbindungen

Sparbank Hameln
IBAN DE29 2545 0110 0001 1223 34
BIC NOLADE21HMS

Deutsche Bank AG
IBAN DE98 2547 0024 0007 7889 90
BIC DEUTBE2H254

Fax
05151-885-92 11

E-Mail
mail@fahrradwerke.de

Finanzamt 2364
Hameln
Steuer-Nr. 11 28 870 00 57
USt-ID-Nr. DE 23666769

a) Buchen Sie die Eingangsrechnung 00223344. Die Fahrradwerke Weserbergland AG wird unter der Kreditorennummer 44099 geführt. Die Artikel werden als Lagerware erfasst.

b) Das Fahrradlädchen begleicht die Rechnung 00223344 am 24.04.20.. über das Konto bei der Millerntorbank St. Pauli (Nr. 28099).

c) Ermitteln Sie den Bezugspreis für ein Kinderfahrrad „Benny“ am 24.04.20..

d) Am 02.05.20.. verkauft das Fahrradlädchen zwei Kinderfahrräder „Benny“ an einen Kunden. Herr Katschube gibt Ihnen folgende Daten für die Verkaufskalkulation vor:

   Handlungskosten: 50 €
   Gewinnaufschlag: 8 %
   Kundenrabatt: 5 %
   Kundenskonto: 0 %.

   Ermitteln Sie den Angebotspreis brutto für die beiden Fahrräder.

e) Buchen Sie den Verkauf der beiden Fahrräder (siehe Aufgabe d). Der Kunde zahlt bar.

f) Wie viel Prozent Rabatt müssten Sie gewähren, wenn der Kunde nur bereit ist, einen Zielverkaufspreis von 360 € für beide Fahrräder zu zahlen?

2.2 Fall 2

Sie sind kaufmännischer Mitarbeiter der Kindertraum KG in Zirndorf. Ihnen liegt folgender unvollständiger Betriebsabrechnungsbogen aus dem letzten Quartal vor:

Kostenstelle	Beschaffung	Fertigung 1	Fertigung 2	Verwaltung	Vertrieb
Summe der Gemeinkosten	647.400,00 €	352.699,00 €	401.200,00 €	197.000,00 €	228.400,00 €
Zuschlags-grundlagen	Fertigungs-material: 2.100.000,00 €	Fertigungs-löhne: 400.000,00 €	Fertigungs-löhne: 435.000,00 €	Herstellkosten des Umsatzes ?	Herstellkosten des Umsatzes ?
Zuschlagssätze	?	?	?	?	?

Hinweis: Es liegt eine Bestandsminderung an fertigen Erzeugnissen von 8.000 € vor.

a) Wie hoch sind die Herstellkosten des Umsatzes des letzten Quartals?

b) Berechnen Sie für alle fünf Kostenstellen die Gemeinkosten-Zuschlagssätze in Prozent.

c) Kalkulieren Sie den Listenverkaufspreis für 20 Stück des Baukasten-Artikels 4290 „Großes Piraten Tarnschiff“. Neben den Angaben aus dem Betriebsabrechnungsbogen sind Ihnen zusätzlich noch folgende Daten bekannt:

   Fertigungsmaterial/Stück: 18 €
   Fertigungslöhne 1/Stück: 12,50 €
   Fertigungskostenstelle 2 wird für den Artikel 4290 nicht in Anspruch genommen
   Gewinnaufschlag: 24 %
   Kundenskonto: 2 %
   Kundenrabatt: 7 %.

d) Die Lieferung aus Aufgabe c) geht laut Ausgangsrechnung 12345-15 vereinbarungsgemäß „ab Werk" an das Spielzeugfachgeschäft Steuber e. K. in Hameln. Der Kunde wird unter der Debitorennummer 24041 geführt.

Buchen Sie den Vorgang.

e) Die Rechnung 12345-15 wird unter Abzug von Skonto vom Zielverkaufspreis beglichen. Der Zahlungseingang erfolgt auf dem Konto der Kindertraum KG bei der Sparkasse Fürth (Nr. 28003).

Wenden Sie die Nettomethode an.

f) Buchen Sie den Fall e) aus der Sicht des Kunden Steuber e. K.

g) Das Spielzeugfachgeschäft Steuber e. K. kalkuliert den Artikel 4290 „Großes Piraten Tarnschiff" anhand folgender Daten:

Handlungskostenzuschlag: 22 %; Gewinnaufschlag: 16 %; Kundenrabatt: 0 %; Kundenskonto: 0 %.

Zu welchem Brutto-Verkaufspreis können Sie als Kunde des Einzelhändlers Steuber e. K. ein Playmobil Piratenschiff erwerben?

h) Wie hoch fällt der Gewinnzuschlag aus, wenn der Kaufmann Steuber e. K. auf Ihre Forderung eingeht, maximal 100 € brutto (siehe Aufgabe g)) für das Piratenschiff zu zahlen?

Lösungen

1. Wissensfragen

A

1.

Kto-Nr.	Kontobezeichnung	SOLL €	HABEN €
24002	Forderungen a. LL.	14.696,50	
5000	Umsatzerlöse f. eigene Erzeugnisse		12.350,00
4800	Umsatzsteuer		2.346,50

A

2.

	Materialeinzelkosten	51,00 €	
+	45 % Materialgemeinkosten	22,95 €	
=	Materialkosten	73,95 €	
+	Fertigungskosten	74,00 €	
=	Herstellkosten	147,95 €	
+	12 % Verwaltungsgemeinkosten/ Vertriebsgemeinkosten	17,75 €	
=	Selbstkosten	165,70 €	
+	30 % Gewinnaufschlag	49,71 €	
=	Barverkaufspreis	215,41 €	(97 %)

+	3 % Kundenskonto	6,66 €	(3 %)	
=	Zielverkaufspreis	222,07 €	(100 %)	(96,55 %)
+	3,45 % Kundenrabatt	7,94 €		(3,45 %)
=	**Listenverkaufspreis/Angebotspreis netto**	**230,01 €**		**(100 %)**

3.

A

Kto-Nr.	Kontobezeichnung	SOLL €	HABEN €
5000	Umsatzerlöse für eigene Erzeugnisse	123,50	
4800	Umsatzsteuer	23,47	
24002	Forderungen a. LL.		146,97

4.

A

	Selbstkosten	98,82 €	
+	**18,75 % Gewinnaufschlag**	**18,53 €**	
=	Barverkaufspreis	117,35 €	(98 %)
+	2 % Kundenskonto	2,40 €	(2 %)
=	Zielverkaufspreis	119,75 €	(100 %)

25 % - 18,75 % = **6,25 %**

Der Gewinn muss um 6,25 % auf 18,75 % reduziert werden.

5.

A

	Selbstkosten	98,82 €		
+	18,75 % Gewinnaufschlag	18,53 €		
=	Barverkaufspreis	117,35 €	(98 %)	
+	2 % Kundenskonto	2,40 €	(2 %)	
=	Zielverkaufspreis	119,75 €	(100 %)	(96,96 %)
+	**3,04 % Rabatt**	**3,75 €**	**(3,04 %)**	
=	Angebotspreis netto	123,50 €	(100 %)	

Es muss ein Rabatt von 3,04 % gewährt werden.

6.

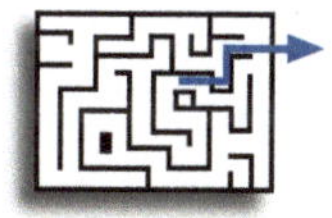

A

Da es sich um einen zweiseitigen Handelskauf (zwei Kaufleute haben einen Kaufvertrag abgeschlossen) handelt, muss § 288 Abs. 2 BGB angewendet werden, sodass sich ein Zinssatz in Höhe von 11,7 % (9 % + 2,7 %) ergibt.

$$\text{Verzugszinsen} = \frac{6.790{,}00\text{ €} \cdot 11{,}7\text{ \%} \cdot 37\text{ Tage}}{100\text{ \%} \cdot 360\text{ Tage}} = \mathbf{81{,}65\text{ €}}$$

Buchungssatz:

Kto-Nr.	Kontobezeichnung	SOLL €	HABEN €
2690	Sonstige Forderungen	81,65	
5790	Sonstige zinsähnliche Erträge		81,65

7.

Kto-Nr.	Kontobezeichnung	SOLL €	HABEN €
28006	Postbank Stuttgart	6.864,67	
24038	Forderungen a. LL.		6.790,00
2690	Sonstige Forderungen		74,67

8.

$$800{,}00 + 0{,}06x = 0{,}08x$$
$$800{,}00 = 0{,}02x \qquad x = \frac{800{,}00}{0{,}02} \qquad x = \mathbf{40.000{,}00\ €}$$

Ab einem Umsatz von über 40.000 € verursacht der Reisende weniger Kosten als der Handelsvertreter.

9.

a)

2.688 € = 100 %
2.580 € = X   X = 95,98 %
100 % - 95,98 % = **4,02 %**

Der Umsatz in der Kundengruppe II ist im Geschäftsjahr 03 gegenüber 02 um 4,02 % zurückgegangen.

b)

$$\frac{3\ \% \cdot 100\ \% \cdot 360\ \text{Tage}}{97\ \% \cdot 20\ \text{Tage}} = \mathbf{55{,}67\ \%}$$

Der Rechnungsausgleich ohne Abzug von Skonto und damit der Beanspruchung des Lieferantenkredites entspricht einer Effektivverzinsung in Höhe von 55,67 %.

c)

Antwort 2. ist richtig.

B

10.

	Listeneinkaufspreis (LEP)	62,00 €
-	12 % Liefererrabatt	7,44 €
=	Zieleinkaufspreis (ZEP)	54,56 €
-	3 % Liefererskonto	1,64 €
=	Bareinkaufspreis (BEP)	52,92 €
+	Bezugskosten (BZK)	1,50 €
=	**Bezugspreis/Einstandspreis**	**54,42 €**

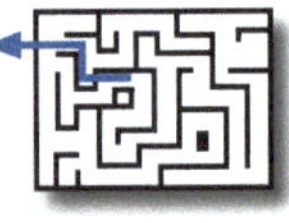

B

11.

Kto-Nr.	Kontobezeichnung	SOLL €	HABEN €
2280 6080	Handelswaren Aufwendungen Handelswaren	54.560,00	
2281 6081	Bezugskosten Handelswaren Bezugskosten Handelswaren	1.500,00	
2600	Vorsteuer	10.651,40	
4400	Verbindlichkeiten a. LL.		66.711,40

12.

Kto-Nr.	Kontobezeichnung	SOLL €	HABEN €
2400	Forderungen a. LL.	66.711,40	
5100	Umsatzerlöse für Handelswaren		56.060,00
4800	Umsatzsteuer		10.651,40

Hinweis:

		62.000,00 €
-	12 %	7.440,00 €
+		1.500,00 €
=		56.060,00 €

13.

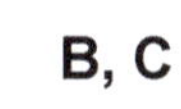

B, C

	Bezugspreis/Einstandspreis	54,42 €		
+	50 % Handlungskosten	27,21 €		
=	Selbstkosten	81,63 €		
+	80 % Gewinn	65,30 €		
=	Barverkaufspreis (BVP)	146,93 €	(98 %)	
+	2 % Kundenskonto	3,00 €	(2 %)	
=	Zielverkaufspreis (ZVP)	149,93 €	(100 %)	(94 %)
+	6 % Kundenrabatt	9,57 €		(6 %)
=	**Angebotspreis netto/Listenverkaufspreis (LVP)**	**159,50 €**		**(100 %)**

14.

B, C

	ZVP (149,93 € · 50)	7.496,50 €
+	19 % Umsatzsteuer	1.424,34 €
=	**Rechnungsbetrag**	**8.920,84 €**

Kto-Nr.	Kontobezeichnung	SOLL €	HABEN €
24071	Forderungen a. LL.	8.920,84	
5100	Umsatzerlöse für Handelswaren		7.496,50
4800	Umsatzsteuer		1.424,34

15.

B, C

Nettomethode unter Abzug von Skonto

Kto-Nr.	Kontobezeichnung	SOLL €	HABEN €
28021	Europabank Herzogenaurach	8.742,42	
5101	Erlösberichtigungen Handelswaren	149,93	
4800	Umsatzsteuer	28,49	
24071	Forderungen a. LL.		8.920,84

Bruttomethode unter Abzug von Skonto

Kto-Nr.	Kontobezeichnung	SOLL €	HABEN €
28021	Europabank Herzogenaurach	8.742,42	
5101	Erlösberichtigungen Handelswaren	178,42	
24071	Forderungen a. LL.		8.920,84

Kto-Nr.	Kontobezeichnung	SOLL €	HABEN €
4800	Umsatzsteuer	28,49	
5101	Erlösberichtigungen Handelswaren		28,49

A, D

16.

	Materialeinzelkosten	**750,00 €**		
+	60 % Materialgemeinkosten	450,00 €		
=	Materialkosten	1.200,00 €		
+	Fertigungseinzelkosten	86,60 €		
+	110 % Fertigungsgemeinkosten	95,26 €		
=	Herstellkosten	1.381,86 €		
+	45 % Verwaltungsgemeinkosten/ Vertriebsgemeinkosten	621,84 €		
=	Selbstkosten	2.003,70 €		
+	20 % Gewinnaufschlag	400,74 €		
=	Barverkaufspreis	2.404,44 €	(98 %)	
+	2 % Kundenskonto	49,07 €	(2 %)	
=	Zielverkaufspreis	2.453,51 €	(100 %)	(90 %)
+	10 % Kundenrabatt	272,61 €		(10 %)
=	Listenverkaufspreis/Angebotspreis netto	2.726,12 €		(100 %)

Das Fertigungsmaterial beträgt 750 €.

A, D, E

17.

	Selbstkosten	2.003,70 €		
+	**16,65 % Gewinnaufschlag**	**333,60 €**		
=	Barverkaufspreis	2.337,30 €	(98 %)	
+	2 % Kundenskonto	47,70 €	(2 %)	
=	Zielverkaufspreis	2.385,00 €	(100 %)	(90 %)
+	10 % Kundenrabatt	265,00 €		(10 %)
=	Listenverkaufspreis/Angebotspreis netto	2.650,00 €		(100 %)

Der Gewinnaufschlag beträgt 16,65 %.

A

18.

	Materialeinzelkosten	23.500,00 €	
+	30 % Materialgemeinkosten	7.050,00 €	
=	Materialkosten	30.550,00 €	
	Fertigungseinzelkosten	7.000,00 €	
+	120 % Fertigungsgemeinkosten	8.400,00 €	
+	Sondereinzelkosten der Fertigung	780,00 €	
=	Fertigungskosten	16.180,00 €	
=	Herstellkosten	46.730,00 €	
+	6 % Verwaltungsgemeinkosten	2.803,80 €	
+	4 % Vertriebsgemeinkosten	1.869,20 €	
+	Sondereinzelkosten des Vertriebs	400,00 €	
=	Selbstkosten	51.803,00 €	
+	20 % Gewinnaufschlag	10.360,60 €	
=	Barverkaufspreis	62.163,60 €	(95 %)

+	3 % Kundenskonto	1.963,06 €	(3 %)	
+	2 % Vertreterprovision	1.308,71 €	(2 %)	
=	Zielverkaufspreis	65.435,37 €	(100 %)	(95 %)
+	5 % Kundenrabatt	3.443,97 €		(5 %)
=	**Listenverkaufspreis/Angebotspreis netto**	**68.879,34 €**		**(100 %)**

Der Netto-Angebotspreis für die Rotationsstanzmaschine beträgt 68.879,34 €.

19.

B, C, D

22.200,20 € : 20 Stück = 1.110,01 €

	Bezugspreis/Einstandspreis	520,00 €		
+	**45 % Handlungskosten**	**234,00 €**		
=	Selbstkosten	754,00 €		
+	14 % Gewinn	105,56 €		
=	Barverkaufspreis (BVP)	859,56 €	(97 %)	
+	3 % Kundenskonto	26,58 €	(3 %)	
=	Zielverkaufspreis (ZVP)	886,14 €	(100 %)	(95 %)
+	5 % Kundenrabatt	46,64 €	(5 %)	
=	Angebotspreis netto	932,78 €	(100 %)	
+	19 % Umsatzsteuer	177,23 €		
=	Angebotspreis brutto	1.110,01 €		

Der Handlungskosten-Zuschlagssatz beträgt 45 %.

20.

C

z. B.
- Personalkosten einschließlich Personalzusatzkosten
- Energiekosten
- kalkulatorische Kosten, z. B. kalk. Unternehmerlohn und kalk. Zinsen
- Mietaufwendungen
- betriebliche Steuern
- Werbeaufwendungen
- Lagerkosten
- Verwaltungs- und Vertriebskosten.

2. Fallsituationen

2.1 Fall 1

a)

B

Kto-Nr.	Kontobezeichnung	SOLL €	HABEN €
2280	Handelswaren	11.302,40	
2281	Bezugskosten Handelswaren	500,00	
2600	Vorsteuer	2.242,46	
44099	Verbindlichkeiten a. LL.		14.044,86

B

b)

Nettomethode

Kto-Nr.	Kontobezeichnung	SOLL €	HABEN €
44099	Verbindlichkeiten a. LL.	14.044,86	
2082	Nachlässe Handelswaren		354,07
2600	Vorsteuer		67,27
28099	Millerntorbank St. Pauli		13.623,52

Bruttomethode

Kto-Nr.	Kontobezeichnung	SOLL €	HABEN €
44099	Verbindlichkeiten a. LL.	421,34	
2082	Nachlässe Handelswaren		421,34

Kto-Nr.	Kontobezeichnung	SOLL €	HABEN €
2082	Nachlässe Handelswaren	67,27	
2600	Vorsteuer		67,27

c)

gesamter Warenwert: 11.802,40 €
Warenwert Kinderfahrräder „Benny“: 8.624,00 €

Berechnung der anteiligen Bezugskosten für ein Kinderfahrrad „Benny“:

11.802,40 € Warenwert ≙ 500,00 € Transportkosten
8.624,00 € = X X = 365,35 €

365,35 € = 70 Stück = 5,22 €/Fahrrad

Berechnung des anteiligen Skonto für ein Kinderfahrrad „Benny“:

	Warenwert	8.624,00 €
+	Bezugskosten	365,35 €
=		8.989,35 €
	3 % Skonto	269,68 € : 70 Stück = 3,85 €

	Listeneinkaufspreis (LEP)	140,00 €
-	12 % Liefererrabatt	16,80 €
=	Zieleinkaufspreis (ZEP)	123,80 €
-	3 % Liefererskonto	3,85 €
=	Bareinkaufspreis (BEP)	119,95 €
+	Bezugskosten (BZK)	5,22 €
=	**Bezugspreis/Einstandspreis**	**125,17 €**

Der Bezugspreis für ein Fahrrad beträgt 125,17 €.

B, C

d)

	Bezugspreis/Einstandspreis	125,17 €	
+	Handlungskosten	50,00 €	
=	Selbstkosten	175,17 €	
+	8 % Gewinn	14,01 €	
=	Barverkaufspreis (BVP)	189,18 €	
+	0 % Kundenskonto	0,00 €	
=	Zielverkaufspreis (ZVP)	189,18 €	(95 %)
+	5 % Kundenrabatt	9,96 €	(5 %)
=	Angebotspreis netto/Listenverkaufspreis (LVP)	199,14 €	(100 %)
+	19 % Umsatzsteuer	37,84 €	
=	Angebotspreis brutto	236,98 €	

236,98 € · 2 Stück = **473,96 €**

Der Angebotspreis brutto der beiden Fahrräder beträgt 473,96 €.

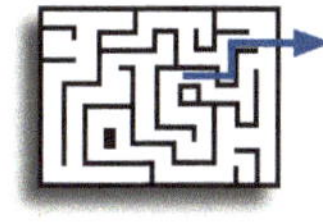

B, C

e)

189,18 € · 2 Stück = 378,36 €

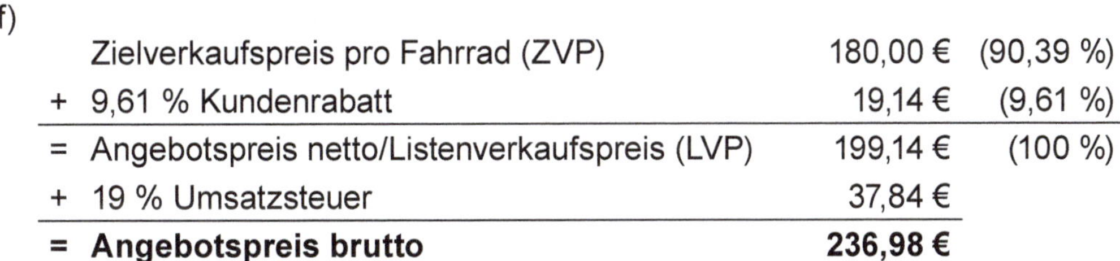

Kto-Nr.	Kontobezeichnung	SOLL €	HABEN €
2880	Kasse	450,25	
5100	Umsatzerlöse für Handelswaren		378,36
4800	Umsatzsteuer		71,89

E

f)

	Zielverkaufspreis pro Fahrrad (ZVP)	180,00 €	(90,39 %)
+	9,61 % Kundenrabatt	19,14 €	(9,61 %)
=	Angebotspreis netto/Listenverkaufspreis (LVP)	199,14 €	(100 %)
+	19 % Umsatzsteuer	37,84 €	
=	**Angebotspreis brutto**	**236,98 €**	

Es muss ein Rabatt in Höhe von 9,61 % gewährt werden.

2.2 Fall 2

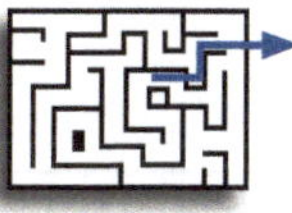

A

a)

	Materialeinzelkosten	2.100.000,00 €	
+	Materialgemeinkosten	647.400,00 €	
=	Materialkosten		2.747.400,00 €
	Fertigungseinzelkosten 1	400.000,00 €	
+	Fertigungsgemeinkosten	352.699,00 €	
+	Fertigungseinzelkosten 2	435.000,00 €	
+	Fertigungsgemeinkosten	401.200,00 €	
=	Fertigungskosten		1.588.899,00 €
=	Herstellkosten der Erzeugung		4.336.299,00 €
+	Minderbestand		8.000,00 €
=	**Herstellkosten des Umsatzes**		**4.344.299,00 €**

A

b)

Kostenstelle	Beschaffung	Fertigung 1	Fertigung 2	Verwaltung	Vertrieb
Summe der Gemeinkosten	647.400,00 €	352.699,00 €	401.200,00 €	197.000,00 €	228.400,00 €
Zuschlags-grundlagen	Fertigungs-material: 2.100.000,00 €	Fertigungs-löhne: 400.000,00 €	Fertigungs-löhne: 435.000,00 €	Herstellkosten des Umsatzes 4.344.299,00 €	Herstellkosten des Umsatzes 4.344.299,00 €
Zuschlagssätze	**30,83 %**	**88,17 %**	**92,23 %**	**4,53 %**	**5,26 %**

A

c)

	Materialeinzelkosten	18,00 €		
+	30,83 % Materialgemeinkosten	5,55 €		
=	Materialkosten	23,55 €		
	Fertigungseinzelkosten 1	12,50 €		
+	88,17 % Fertigungsgemeinkosten	11,02 €		
=	Fertigungskosten	23,52 €		
=	Herstellkosten	47,07 €		
+	4,53 % Verwaltungsgemeinkosten	2,13 €		
+	5,26 % Vertriebsgemeinkosten	2,48 €		
=	Selbstkosten	51,68 €		
+	24 % Gewinnaufschlag	12,40 €		
=	Barverkaufspreis	64,08 €	(98 %)	
+	2 % Kundenskonto	1,31 €	(2 %)	
=	Zielverkaufspreis	65,39 €	(100 %)	(93 %)
+	7 % Kundenrabatt	4,92 €	(7 %)	
=	**Listenverkaufspreis/Angebotspreis netto**	**70,31 €**	**(100 %)**	

20 Stück · 70,31 €/Stück = **1.406,20 €**

A

d)

20 Stück · 65,39 €/Stück = 1.307,80 €

Kto-Nr.	Kontobezeichnung	SOLL €	HABEN €
24041	Forderungen a. LL.	1.556,28	
5000	Umsatzerlöse für eigene Erzeugnisse		1.307,80
4800	Umsatzsteuer		248,48

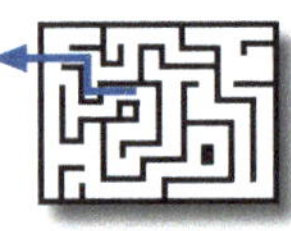

A

e)

Berechnung des Nettoskonto:

65,39 € · 20 Stück = 1.307,80 €

100 % = 1.307,80 €
2 % = X X = **26,16 €**

Nettomethode unter Abzug von Skonto

Kto-Nr.	Kontobezeichnung	SOLL €	HABEN €
28003	Sparkasse Fürth	1.525,15	
5001	Erlösberichtigungen Handelswaren	26,16	
4800	Umsatzsteuer	4,97	
24041	Forderungen a. LL.		1.556,28

f)

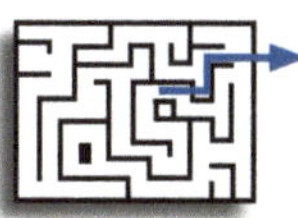

A

Nettomethode

Kto-Nr.	Kontobezeichnung	SOLL €	HABEN €
4400	Verbindlichkeiten a. LL.	1.556,28	
2082/6082	Nachlässe Handelswaren		26,16
2600	Vorsteuer		4,97
2800	Bank		1.525,15

g)

C

Barverkaufspreis = Einstandspreis

	Einstandspreis	64,08 €
+	22 % Handlungskostenzuschlag	14,10 €
=	Selbstkosten	78,18 €
+	16 % Gewinn	12,51 €
=	Barverkaufspreis (BVP)	90,69 €
+	0 % Kundenskonto	0,00 €
=	Zielverkaufspreis (ZVP)	90,69 €
+	0 % Kundenrabatt	0,00 €
=	Angebotspreis netto/Listenverkaufspreis (LVP)	90,69 €
+	19 % Umsatzsteuer	17,23 €
=	**Angebotspreis brutto**	**107,92 €**

Der Brutto-Angebotspreis beträgt 107,92 €.

h)

D, E

	Selbstkosten	78,18 €
+	**7,48 % Gewinn**	**5,85 €**
=	Barverkaufspreis (BVP)	84,03 €
+	0 % Kundenskonto	0,00 €
=	Zielverkaufspreis (ZVP)	84,03 €
+	0 % Kundenrabatt	0,00 €
=	Angebotspreis netto/Listenverkaufspreis (LVP)	84,03 €
+	19 % Umsatzsteuer	15,97 €
=	Angebotspreis brutto	100,00 €

Der Gewinnaufschlag reduziert sich auf 7,48 %.